Las imágenes de los bueyes del ZEN

Zensho W. Kopp

Las imágenes de los bueyes del ZEN

El camino a la Iluminación

© 2018 Zensho W. Kopp

Título original: "Die zehn Ochsenbilder des Zen",
publicado por Synergia Verlag

Herstellung und Verlag: BoD – Books on Demand, Norderstedt
Cubierta y diseño: Jörg Zimmermann, Reinhard Zanella
Foto: Verena Kopp
Maquetación: Torsten Zander
Visítenos en https://www.tao-chan.org/es/

ISBN: 978-3-75-346130-4

Contenido

Prefacio

Esta muy valiosa obra fundamental del budismo Zen es fruto del trabajo compartido y brillante de dos grandes maestros Zen, respectivamente de los siglos 12 y 21, y de uno de los más famosos pintores Zen japoneses de nuestro tiempo.

Sobre esta base toman forma las historias Zen y las observaciones del maestro Zen chino Kakuan Shien, que resultarían difíciles de entender sin los valiosos comentarios de un maestro Zen iluminado del presente. La razón de esta complejidad se puede encontrar en el extremadamente profundo y simbólico lenguaje que compone las maravillosas historias, y también en los comentarios de Kakuan, ambos llenos de poesía.

Las imágenes de los bueyes del Zen han sido publicadas en occidente en diversos libros a través de los años. Pero ninguno ha sido capaz de capturar y expresar el significado profundo de la obra. La razón esencial de esta deficiencia es que nunca será posible para una conciencia no iluminada presentar claramente al camino del Zen hacia la iluminación, sin conocer ella misma ese camino.

Es por eso que nosotros, los editores, nos sentimos afortunados porque Maestro Zen Zensho haya revisado y comentado en detalle ahora este muy importante libro sobre la práctica del Zen. Los comentarios de Zensho son una expresión de su conciencia iluminada. A menudo provocativos, directos, muy vívidos, fáciles de entender y fieles a la vida.

Por primera vez, los comentarios de Zensho dan al lector un acceso profundo a la clara comprensión de la misteriosa verdad contenida en las diez imágenes de los diez bueyes del Zen.

Sin esta explicaciones extremadamente valiosas de un maestro Zen de nuestro tiempo, que se fundamenta en la misma dimensión de la conciencia realizada que el Maestro Zen Kakuan del siglo 12, el significado profundo de esta obra sobresaliente de la literatura Zen estaría cerrado para nosotros.

Los comentarios de Zensho, que también manifiestan a los antiguos maestros chinos, son de gran valor práctico, una ayuda de orientación única y una fuente de inspiración inagotable.

El lector obtendrá un mayor beneficio del libro si hace repetidas pausas para permitir que lo leído se afiance en su interior. La profundidad de las afirmaciones contenidas en este libro será cada vez más clara gracias a la lectura repetida y aún más evidente de cara a su aplicación directa.

Que este libro ayude a quienes lo lean a darse cuenta de su ser inmortal y verdadero.

Agradecimientos

Las ilustraciones de los bueyes presentadas en este libro, realizadas en tinta por el pintor japonés Jikihara Gyokusei, son ejemplos impresionantes de las pinceladas según el estilo tradicional chino Nanga.

Los editores y el Maestro Zen Zensho desean agradecer al Monasterio Zen Mountain, Mount Tremper, Nueva York, por su amable disposición y visto bueno a la impresión de las imágenes que permiten ahora hacer accesible al público en general este libro.

Zen

Introducción

Este libro de práctica contemporánea del Zen es un clásico de la literatura Zen y es una de las obras fundamentales y esenciales del Budismo Zen. Es una guía extremadamente valiosa en el camino hacia la iluminación y una fuente inagotable de la misteriosa sabiduría del Zen.

De todas las representaciones de los diversos niveles de comprensión espiritual en el camino del Zen, ninguna es tan profunda y tan fascinante como la de los diez bueyes del Zen. El maestro Zen japonés Zenkei Shibayama (siglo XX) dice:

> Desde los primeros tiempos del budismo Zen, hay varias escrituras para explicar la práctica y las enseñanzas del Zen. Sin embargo, no existía ningún libro que lo ilustrara tan clara y evidentemente como las "Imágenes de los diez bueyes del Zen". Este explica y revela completamente la profunda verdad del Zen.

La representación simbólica del camino del Zen hacia la iluminación, basada en una historia que se muestra en las imágenes de un pastor en busca de su desaparecido buey, su Ser Verdadero, se remonta a la época de apogeo de la antigua China. La versión original de la serie de imágenes, que constaba de seis ilustraciones y ocho añadidas con posterioridad, fueron pintadas por los maestros budistas del Zen Soto, que argumentaban a favor de la iluminación progresiva.

Todas estas representaciones habían intentado de la misma manera mostrar el proceso continuo de entrenamiento Zen mediante un buey negro, que se volvía más blanco de una imagen a otra. El color negro aquí se refería a la mente manchada, contaminada por la ilusión mental.

Pero en el siglo 12, el maestro Zen chino Kakuan Shien lo pintó de nuevo en una versión con diez imágenes de los bueyes y agregó un comentario a cada imagen. Kakuan vivió y enseñó en el templo zen Liang-shan, Tingdschou, en China. Era la herencia espiritual del Maestro Zen Tai-sui Yüan-ching de la línea tradicional Lin-chi y perteneciente a la 12 generación de Lin-chi.

Las imágenes de los bueyes de Kakuan muestran, a diferencia de las representaciones anteriores, que no hay bueyes blanqueados: su buey permanece sin cambios en todas las imágenes, con su color negro. De esta manera expresa claramente que el espíritu original en realidad nunca fue contaminado porque es eternamente puro e inmutable.

Como resultado, Kakuan se eleva por encima de la

antigua y limitada visión de los antiguos autores del libro de los bueyes y proclama:

> La luz radiante de la Mente Única ha estado brillando por la eternidad atemporal y nada puede oscurecerla.

Esta es la idea central esencial, que se extiende como un hilo dorado a través del ingenioso trabajo de Kakuan de "Las imágenes de los bueyes del Zen".

Sin embargo, esto no significa que las diez pinturas de los bueyes de Kakuan no ofrezcan un proceso de maduración mental. Pues su Zen es el dinámico meridional de Lin-chi, el Zen del conocimiento inmediato a través de la toma de conciencia de la mente hasta el completo despertar en la comprensión de la iluminación repentina.

Esta versión de las diez imágenes de los bueyes del Zen del Maestro Zen Kakuan ha sido ampliamente utilizada como una fuente de la profunda sabiduría Zen y una guía espiritual segura en Japón desde el período Ashikaga. Fue considerada como una escritura Zen esencial de valor único y visto como la versión más importante del libro de las imágenes de los bueyes.

Aunque las imágenes de los bueyes de Kakuan, que sirvieron como modelo para muchos pintores, se perdieron con el paso del tiempo, afortunadamente, sus grandes poemas de suma importancia se conservaron junto a las observaciones complementarias. Estos textos forman la base de este libro, junto con las ingeniosas pinturas a tinta del genial pintor Zen Jikihara Gyokusei (1904-2005).

Gyokusei es un pintor contemporáneo japonés muy apreciado, y practicó el Zen con el maestro Zenkai Shibayama. Sus pinturas a tinta, presentes en este libro, son ejemplos únicos de la pintura a pincel de Nanga según el estilo tradicional chino. Las pinturas, que respiran el espíritu del Zen, son una expresión del dominio de la pintura con tinta de Gyokusei y destacan por la singularidad de su pincelada.

Pero, ¿qué hizo que el Maestro Zen Kakuan agregara dos bueyes más a la versión del siglo 12, que contaba con ocho imágenes, creando una versión de diez imágenes de los bueyes? La secuencia de imágenes existente hasta el momento de los autores anteriores de las imágenes de los bueyes terminaba con el octavo cuadro, el círculo vacío, "Enso" –símbolo de la iluminación Zen–, como si el camino Zen terminará allí.

Pero Kakuan, como un auténtico maestro Zen completamente realizado, con sus dos imágenes añadidas y extremadamente significativas, avanza aún más allá de la idea limitada de la Iluminación.

Su versión es pura, vive el Zen y va mucho más allá y alcanza mayor profundidad que las representaciones anteriores, que terminaban con la octava imagen del buey.

Así vemos en su novena imagen una hermosa naturaleza idílica como indicación de que el iluminado, en su comprensión de la visión clara y sin distintivos de la mente, vive en la plenitud que todo lo abarca del ser. En palabras de Kakuan:

> Regresa al origen. Observa la aparición y el cambio mutable de todas las formas de vida en el mundo y vive en la tranquilidad de la no-acción.

En su despertar del sueño de nacimiento y muerte, pasa por encima de toda dualidad, y así cambia el mundo para él, en la vasta apertura de la sabiduría trascendente. Experimenta a todos los seres sin excepción como la realidad intemporal de la Mente Única, y si él actúa, todo lo que hace es el maravilloso acto de Buda.

En la décima y última imagen de los bueyes vemos cómo el iluminado entra al mercado, en el mundo, con una gran sonrisa en su cara. En su comprensión perfecta se mezcla, iluminado, con gran compasión y en completa libertad, con los hombres, liberándolos de su ignorancia que causa sufrimiento, para que se despierten a su Yo Verdadero. Por ello dice Kakuan:

> A los propietarios de posadas y pescaderos les muestra la manera de despertar a su Yo Verdadero.

El Zen es el camino de la "iluminación repentina". Esta es la característica esencial del Zen de los grandes maestros chinos antiguos como Hui-neng, Ma-tsu o Lin-chi sobre todas las demás enseñanzas del budismo. Pero debemos ser conscientes de que la iluminación repentina no ocurre por accidente, de manera abrupta, sin ninguna preparación mental.

La expresión "iluminación repentina" quiere decir más bien que la verdadera y directa ruta directa a la liberación Zen no está definida, como en la mayoría de las escuelas de pensamiento budista, de forma dogmática en etapas o niveles prescritos. Aferrarse a niveles preestablecidos suprime e incluso previene la capacidad creativa de comprensión intuitiva y directa, al tiempo que limita la mente libre.

En consecuencia, no debemos cometer el error de ver el orden sistemático de las imágenes de los bueyes de Kakuan como un camino gradual hacia la iluminación. Porque esto no se correspondería con el verdadero espíritu libre del Zen e incluso se opondría por completo a él. No pensamos de acuerdo al principio del Zen de la iluminación repentina cuando hablamos de un proceso progresivo de madurez espiritual.

El camino Zen del despertar a nuestro Ser Verdadero en el sentido de las diez imágenes de los bueyes presenta diversos grados de iluminación en un largo proceso de pureza de espíritu pero la iluminación llega bastante repentinamente, en un instante, tras un proceso prolongado de maduración mental.

En un momento, en un solo segundo dotado de importancia, la mente se expande hasta el infinito y nos abre a toda una nueva visión que transforma todo nuestro ser.

Así, en este libro, las diez imágenes de los bueyes del Zen de Kakuan nos muestran el "Camino Zen de la iluminación súbita a través de la comprensión espiritual".

Primavera 2018   Zensho W. Kopp

禅
道

Camino del Zen

Las imágenes de los bueyes del ZEN

El espíritu buey es nuestra esencia
original y más profunda.
Su brillante resplandor de luz clara
brilla desde la eternidad atemporal.

Maestro Zen Kakuan Shien

I

La búsqueda del buey

I. Poema y observación de Kakuan

Desolado, por el infinito desierto de este
mundo
se abre camino entre la hierba alta
en busca de su buey.
Innumerables ríos ha seguido,
se desvió por los sinuosos caminos de las
montañas distantes.
Completamente exhausto, su corazón está
desesperado, no puede encontrar el buey.
En la niebla vespertina solo oye
el canto de las cigarras.

El buey nunca se ha perdido realmente.
¿Por qué buscarlo? Solo por haberse separado de su ver-
dadera naturaleza, no puede encontrarlo.
En la confusión de sus sentidos ha perdido su rastro en una
extensión polvorienta. Lejos de su casa, se encuentra con
una confusión de caminos. ¿Pero cuál es el correcto? El deseo
de ganancias y el temor a la pérdida estallan como llama
de fuego, y las ideas sobre el bien y mal se enfrentan unas
contra otras como puntas de lanza en el campo de batalla.

I. Comentario de Zensho

> Desolado, por el infinito desierto de este mundo se abre su camino entre la hierba alta en busca de su buey.

En el budismo Zen, el buey simboliza la realidad de nuestro Ser Verdadero. Cualquiera que salga en busca de su buey perdido está en el camino hacia su Verdadero Yo-Mismo, su naturaleza Buda inmanente. Esto se ilustra con fuerza en las diez imágenes de los bueyes al mostrar el camino a la liberación Zen desde el comienzo de la búsqueda espiritual hasta la perfección de la iluminación y la posterior acción de los iluminados en el mundo.

En todo ser y vida, la luz radiante de la Mente Única brilla como la realidad de nuestro Verdadero Yo-Mismo. Solo hay un Ser, la Mente Única, al lado de la cual nada más existe, es la única realidad en el centro más profundo de todos los seres vivientes y cosas.

Todos vivimos en unión directa con este, nuestro Ser Verdadero, nada podría estar más cerca. Como realidad autoexistente, siempre está presente en lo más profundo de cada ser humano. Es esa verdad universal y eterna que los grandes maestros iluminados de todas las religiones han proclamado durante milenios, para que el hombre despierte de su sueño de nacimiento y muerte y experimente su Ser Verdadero, no nato e inmortal.

En general, sin embargo, las personas están convencidas de que sus vidas comenzaron con el nacimiento y terminarán con la muerte. Pero este es un error enorme y fatal. Porque esto solo se aplica a nuestro cuerpo material. Sin embargo, la verdad del Zen es que el Verdadero Yo-Mismo, atemporal, es la realidad eterna de nuestro Ser Verdadero, que no ha nacido y no morirá.

Nuestro nacimiento no es el comienzo de la vida, porque nuestro Ser Verdadero precede al nacimiento, es decir, somos vida. Y si nuestro Ser Verdadero es anterior al nacimiento, permanecerá después de la muerte. La comprensión de nuestra naturaleza original e inmortal es el verdadero significado de nuestra vida y, por lo tanto, el objetivo más importante de nuestra existencia como seres humanos. Así, la percepción y el despertar a nuestro Ser Verdadero, no-nato e inmortal, es experiencia suprema de la vida.

Cualquier cosa que puedas lograr en tu vida, ya sea riqueza, prestigio o poder, siempre deja una sensación de insuficiencia e insatisfacción asociada a ella. Ninguna de estas cosas puede satisfacerte, y ninguna colma tus necesidades básicas, porque en realidad anhelas algo completamente diferente. Pero lo que anhelas y lo que buscas, sin saber exactamente lo que estás buscando, no se puede encontrar en el exterior, por mucho que lo intentes.

Solo puedes encontrarlo en ti mismo. Porque es tu verdadero destino experimentar en ti mismo la esencia misma de tu ser. Está siempre presente sin que lo sepas. Es por eso que Maestro Zen Kakuan comenta sobre la primera imagen de los bueyes:

> *El buey nunca se ha perdido realmente. Entonces, ¿qué estás buscando? Solo por la separación de tu verdadera naturaleza, no eres capaz de encontrarlo.*

Un viejo refrán Zen dice: "¿Dónde buscas a tu buey cuando ya estás sentado sobre el buey que buscas?" La esencia mental más profunda es inherentemente dada por la naturaleza y no forma parte originalmente del reino de la comprensión. ¿Cómo podría perderse? Solo porque te has alejado de la realidad de tu Ser Verdadero, está tu espíritu buey perdido en la hierba alta, en la maraña de tu delirio mental. Esto también se muestra en el siguiente ejemplo:

Un monje Zen acude al maestro Zen chino Joshu (siglo 9) y le pregunta: "¿Cuál es el

significado de que nuestro gran maestro Bodhidharma (siglo 6), el primer patriarca del Zen, llegara procedente del oeste?"
Joshu responde:
"Una vaca se escapó del establo".

Las diez imágenes de los bueyes del Zen se basan solo en esta situación, que la vaca, el espíritu buey, ha escapado del establo de tu conciencia espiritual. Y ahora tienes que encontrar tu espíritu buey, es decir: tu Verdadero Yo-Mismo.

¿Quién soy yo? ¿Cuál es mi Verdadero Yo-Mismo? ¿Cuál es el auténtico significado de la vida? ¿Qué me pasa tras la muerte? Estas preguntas significan lo mismo que "la búsqueda del espíritu buey", es la búsqueda de la realidad de tu Verdadero Yo-Mismo.

Si no encuentras una respuesta a estas preguntas tan esenciales en el sentido de una comprensión que brilla a través de todo tu ser, entonces has perdido completamente tu vida. Mientras no sepas quién y qué eres realmente en la razón más profunda de tu ser, todo lo que hagas y todas tus aspiraciones, de cualquier tipo, sin importar lo que alcances, serán completamente sin sentido, porque habrás vivido más allá del verdadero significado de la vida.

En la confusión de sus sentidos ha perdido su

rastro en una extensión polvorienta.

En la externalización de tus sentidos, en el estupor de la rutina y en la inconsciencia indiferente, pasas tu vida obviando la esencia y te pierdes en las trivialidades de lo diario. Pero es más urgente que "ahora", sin vacilación, emprendas la búsqueda de tu espíritu buey, tu Verdadero Yo-Mismo. De lo contrario, tu muerte solo será el final miserable de una vida desperdiciada. Al respecto, el maestro Zen chino Jung-chia (siglo 8) dijo las siguientes palabras admonitorias:

> La cuestión de la vida y la muerte es importante, y la transitoriedad entre ambas se da con la rapidez de un rayo. ¿Cómo puede uno ocuparse de lo insustancial?

Desafortunadamente, la mayoría de las personas no responden por completo ante este hecho innegable, así que les falta comprender la necesidad de realizar una inversión espiritual. Pero si en tu vida presente encuentras un buen maestro espiritual mediante la acción de tu karma positivo, o incluso te encuentras con un maestro iluminado que te guía a tomar conciencia de tu Verdadero Yo-Mismo, esa es una gran bendición.

En este retorno a tu naturaleza olvidada, verdadera y divina, el anhelo de liberación surge en ti, porque te has dado cuenta de que careces de lo esencial. Te has perdido, y no recuerdas quién y qué eres realmente.

Esta es la situación de la primera imagen de los bueyes, en la que el pastor se dispone a encontrar a su espíritu buey perdido, su Ser Verdadero. Pero, ¿dónde debería buscar? En la confusión de sus sentidos ha perdido el rastro, la huella del buey en la extensión polvorienta de su ilusión espiritual y no conoce el camino. Entonces Kakuan dice:

> *Lejos de su casa, se encuentra con una confusión*
> *de caminos. ¿Pero cuál es el correcto?*

"¿Cuál es el camino correcto?", Pregunta El Maestro Zen Ka-kuan en su observación al poema. Pero, ¿cómo puedes saber cuál es el camino correcto, si no has alcanzado la claridad espiritual?

> **Innumerables ríos ha seguido,**
> **se desvió por los sinuosos caminos de las montañas distantes.**
> **Completamente exhausto, su corazón está desesperado,**
> **no puede encontrar el buey.**

La búsqueda del espíritu del buey, tu Ser Verdadero, te parecerá difícil porque la verdad, que estás buscando no solo te es desconocida sino que te resulta también innombrable y, por ello, queda "sin nombre".

Si sigues los conceptos de las enseñanzas establecidas, sigues los caminos aparentemente seguros de los ríos "con" nombre. ¿Cómo es posible que tú puedas hallar tu espíritu buey como tu propio y Verdadero Yo-Mismo, si, perdido en las montañas de conceptos fijos, sigues los sinuosos caminos de la especulación dogmática?

Cualquiera que sea la religión o filosofía a la que recurras, eventualmente tendrás que evadirte de los grilletes opresores de una enseñanza fija en tu proceso de transformación espiritual hacia la liberación. Después de todo, el camino del Zen, en última instancia, trata de llegar a la percepción inmediata de lo que siempre ha estado presente en nosotros como nuestro Verdadero Ser.

"El hecho de que no haya nada que alcanzar no son palabras vacías, sino la verdad suprema", dijo el Maestro Zen chino Huang-po (siglo 9). No hay ninguno aprendizaje que realizar. Este es el prerrequisito esencial para entender el Zen.

Pero si te pierdes en el laberinto de la erudición budista y solo miras hacia afuera, entonces te has apartado de tu propio espíritu buey. Te has alejado de la verdad del Zen y te has perdido en la niebla de la noche de tu confusión mental. Por ello, el maestro Zen chino Lin-chi (siglo 9) dice:

> Os apegáis a nombres y dichos, y estos se convierten en obstáculos para vosotros y ocultan la percepción de la verdad. Dejad que solo vuestro pensamiento y búsqueda discriminativos se detengan. Confiad en lo que os está pasando ahora, y no hay nada más que buscar.

Detrás de cada respuesta que se encuentra por medio del pensamiento conceptual y discriminatorio, surge una nueva pregunta, y cuanto más uno se acerca a la meta, más se aleja de ella. En la Shodoka, fuente muy importante del Zen, llamada la "Canción de la comprensión del camino" del maestro Zen chino Yung-chia en el siglo 8 se dice:

> Cortar la raíz inmediatamente
> es el sello del Buda.
> No me encargo yo
> de recoger hojas y buscar ramas.

La verdad más elevada no puede expresarse en palabras, porque está más allá de todo lo que los sentidos y la mente pueden captar. Incluso el intento mejor intencionado para describir la realidad indescriptible dentro de los confines del lenguaje humano limitado es como querer capturar el cielo con una red, y resulta completamente inútil, pues solo trae confusión.

Sin embargo, la mayoría de las personas se aferran a sus nociones condicionadas y solo se mueven dentro de sus límites creados por ellos mismos. La consecuencia es que piensan que lo que va más allá de su imaginación limitada es incorrecto. De esta manera, están proyectando constantemente sobre sí mismos una colección de nubes oscuras de pensamiento conceptual y discriminador que cubren la vastedad ilimitada de la mente y, por lo tanto, su propio ser divino.

El deseo de ganancias y el temor a la pérdida estallan como llama de fuego, y las ideas sobre el bien y mal se enfrentan unas contra otras como puntas de lanza en el campo de batalla.

Si estás tan atrapado en la maraña del pensamiento conceptual y discriminatorio, solo vives en el aquí y allá, y pierdes el factor decisivo del momento presente. Si estás con tu conciencia en el pasado o en el futuro, perderás la presencia permanente del Ser

Divino en la presencia absoluta del ahora. Porque la realidad divina es lo atemporal, ahora.

> **En la niebla vespertina solo oye**
> **el canto de las cigarras.**

En la práctica del Zen te debes preocupar por liberarte de la sombra de lo habitual, el pensamiento condicionado y el arroyo inagotable de pensamientos que murmuran como grillos en tu conciencia.

En este proceso progresivo de tu claridad mental, podrás al mismo tiempo anular cualquier apego rutinario. Todos tus esfuerzos por dar importancia a este objetivo con todo tu ser es la práctica real de Zen. La verdad más alta está más allá de todas las palabras, todos los conceptos, todas las ideas y más allá de todo lo aceptando y rechazando. Es por eso que el maestro Zen chino Pao-chi (siglo 9) dice: "El conocimiento externo no es otra cosa que ignorancia. Entonces, ¿por qué buscar un tesoro en el exterior, cuando en lo más interno tienes tu propia joya radiante? Es la consecuencia final que toda búsqueda en el exterior resulta vacía y fútil, y solo conduce al agotamiento mental. Por lo tanto, no busques nada más que el espacio claro y vacío de la mente. No hay una sola cosa que no se pueda encontrar".

"No hay nada que buscar, ¡porque no hay nada

que encontrar!" Esta es la verdad básica del Zen. Porque no hay espacio donde las cosas puedan estar separadas, y no hay tiempo para que algo no exista o ya no exista más. Todo es uno a la vez, en una permeación mutua de todas las cosas.

Lo que impide la percepción del espíritu buey –su verdadera naturaleza original– no es más que el poder de la ilusión dualística rutinaria. Pero si tu mente estuviera completamente libre de conceptos e ideas, de aceptar y rechazar, ¿cómo podrían surgir el engaño y las ideas condicionadas? Tu distinción subjetiva, el aferramiento y el rechazo constantes te roban tu independencia espiritualidad y te dejan ser víctima de la hipnótica influencia de las cosas. Todo eso que tiene que desaparecer. Entonces experimentarás que el espíritu buey que buscas está siempre presente en toda su gloria, porque siempre ha estado presente. Él siempre ha estado ahí, solo "tú" no estabas ahí.

Estés donde estés, la realidad omniabarcante de tu Ser Verdadero siempre está presente dentro y alrededor de ti. No puedes escapar del espíritu buey, ya sea en el estilo de un hermoso paisaje idílico o en medio del ajetreo y el bullicio del mundo. Es por eso que el Maestro Zen Hui-neng, sexto patriarca del Zen, dijo en el siglo 8: "En todas partes, incluso en medio de las pasiones mundanas y de las opiniones erróneas, vive el Yo-Mismo no-nato, original y verdadero".

Sea lo que sea y donde sea que estés, contienes en ti mismo el espíritu buey, tu naturaleza Buda eterna y no-nata. Pero en tu delirio mental estás ciego a la realidad y buscas tu Verdadero Yo-Mismo fuera de ti mismo.

La práctica Zen en el sentido de las "Imágenes de los diez bueyes" consiste, por lo tanto, en revertir tu línea mental de búsqueda en el exterior hacia el interior y encontrar tu perdido espíritu buey en ti mismo. Puesto que este descubrimiento está más allá de todo entendimiento intelectual, debe, como verdad que trasciende a la comprensión, convertirse en experiencia propia.

Sin embargo, esto requiere un entrenamiento espiritual serio bajo la guía de un verdadero Maestro en tu camino espiritual y una gran confianza inquebrantable en la pureza original de tu propia mente. El Maestro sabe y te muestra el camino que te lleva a tu buey perdido. En última instancia, sin embargo, tu compromiso constante y completo para encontrar a tu espíritu buey es esencial. El Maestro te está mostrando el camino, pero tienes que ir por ti mismo.

Si, de esta manera, luchas fervientemente por encontrar la verdad más allá de todas las palabras, también encontrarás las huellas del buey en tu perseverancia continua en la práctica del Zen.

II

El descubrimiento de las huellas

II. Poema y observación de Kakuan

¡En la orilla del río, bajo los árboles,
descubre las huellas del buey!
Incluso bajo la fragante hierba, ve su rastro.
No importa qué tan lejos camine el buey,
hasta alcanzar los barrancos más profundos
de las montañas distantes.
El rastro es tan difícil de perder
como la propia nariz, que mira hacia el cielo.

Al comprender la enseñanza, encuentra las huellas del buey. Ahora se da cuenta de que todas las cosas, por muy diferentes que sean, son todas creadas del mismo oro y que todo lo existente no es diferente de su propio existir. Pero aún no puede separar lo verdadero de la falsedad. Todavía no ha cruzado la puerta, pero ha reconocido el camino.

II. Comentario de Zensho

**¡En la orilla del río, bajo los árboles,
descubre las huellas del buey!
Incluso bajo la fragante hierba, ve su rastro.**

Al comprometerse seriamente con las enseñanzas del Zen, se da cuenta de que la verdad solo se puede encontrar más allá de las palabras y no en palabras y letras. Pero a través de la práctica del Zen, ha ganado un poco de comprensión de las enseñanzas: ha encontrado las huellas del buey.

> Al comprender la enseñanza, encuentra las huellas del buey.

Por lejos que llegue tu comprensión inicial, nunca es suficiente para comprender la verdad profunda del Zen. Puesto que todas las enseñanzas espirituales de los maestros iluminados, los sutras y enseñanzas son, no importa cuán valiosas resulten, solo las huellas del buey, pero no el espíritu buey en sí.

Pero solo cuando superes todas las enseñanzas teóricas y llegues a lo básico, el espíritu buey se te revelará. Sí aún confías en enseñanzas y creencias externas, todavía estás muy lejos de la realidad de tu Ser Verdadero. Estás sujeto a los conceptos y delirios del pensamiento conceptual discriminatorio y te limitas a ti mismo. De esto trata el siguiente encuentro:

> Un monje preguntó el Maestro Zen Yuan-wu (siglo 12): "¿Cuál es la verdad fundamental de la doctrina sagrada" Yuan-wu respondió: "Un poste, para atar un burro".

¡Desafía todas las creencias religiosas y filosóficas! A los ojos del Zen, no son más que especulaciones e interpretaciones acrobáticas del cerebro, producto de la mente neurótica. No necesitas creer en un dogma religioso, porque los dogmas no son más que grilletes para el espíritu libre y un obstáculo en el camino hacia la liberación. Al igual que las reglas y los ritos budistas, son, a los ojos de los antiguos maestros Zen chinos, únicos obstáculos para el pensamiento dualista.

Los antiguos maestros Zen chinos señalaron constantemente y con el mayor énfasis que no hay nada que aprender o ganar en el Zen, y por lo tanto, no enseñan nada más que el "Buda-Darma", la Ley de Buda, la verdad de la Mente Única, junto a la cual nada más existe. En el Zen, el Buda-Darma significa, en contraste con el budismo convencional, tradicional, no una teoría que pueda comunicarse a través de palabras, sino la verdad más elevada, inaccesible al pensamiento conceptual discriminatorio.

Es esa verdad esencial, que condujo a las enseñanzas de Buda y que solo puede asimilarse con una comprensión inmediata e intuitiva de la experiencia iluminadora del "Satori".

Al respecto, los maestros Zen siempre se dirigen directamente al espíritu del corazón del hombre, de modo que él reconozca su Verdadero Sí-Mismo y logre la Budeidad. Por ejemplo, el maestro Zen chino Fen-yang (siglo 11) dice: "Si estás ciego y dudoso, ni siquiera miles de escrituras te ayudarán. Pero si has alcanzado el entendimiento, entonces una palabra ya será demasiado. El Zen se transmite personalmente al reconocer el espíritu del corazón. No se transmite externamente a través de palabras escritas".

Buscar la verdad, como la realidad de nuestro Ser Verdadero, en el mundo externo y verla como algo diferente de uno mismo corresponde a la forma dualista de pensar propia de la comprensión intelectual. Pero dado que ya estamos en el medio de esta verdad y no podemos vivir separados de esta verdad. Por ello, el maestro Zen chino Ta-hui (siglo 12) dice: "El reino de los iluminados no es un espacio exterior con características visibles. La Budeidad es el área del más alto conocimiento que solo se puede encontrar en uno mismo".

Aquí el camino del Budismo Zen difiere radicalmente de todos los demás sistemas religiosos y doctrinas filosóficas. Porque el Zen es una materia de experiencia pura y directa inmediatez. Esto se expresa en el resumen de las cuatro características fundamentales del Zen a principios de la dinastía Tang en China:

1. Transmisión fuera de la doctrina ortodoxa
2. Independencia de las escrituras
3. Interpretación directa del espíritu del corazón
4. Mira en tu propia naturaleza y alcanza la budeidad

El Zen tiene solo una preocupación. Quiere destruir completamente todos tus apegos a palabras e ideas, de cualquier tipo, para que te despiertes del sueño del nacimiento y la muerte.

Pero no debemos cometer el error de evitar, desde el principio, la lectura de las escrituras esenciales y fundamentales para comprender la verdad del Zen. Porque sin una comprensión, al menos inicial, de los fundamentos teóricos, uno difícilmente comprenderá qué se abarca en la práctica del Zen.

Porque así como uno tiene que excavar de lo superficial a lo profundo, es de gran valor para un practicante serio en el Camino Zen familiarizarse con las escrituras esenciales del Zen. Pero si crees que son irrelevantes y te detienes, ese es un error fatal.

Las palabras de los antiguos maestros Zen chinos son geniales, maravillosas e ingeniosas. Sus palabras iluminadas proclaman la profunda verdad del Zen y son de valor incalculable. Pero no debes olvidar que la verdad que buscas en las escrituras de los maestros antiguos no es más que tu propio Ser Verdadero.

Estás buscando algo que realmente eres tú mismo, incluso si lo has olvidado trágicamente y ya no sabes quién eres y qué es lo que está en el fondo de tu ser. Al respecto, todos los Budas y patriarcas, todos los grandes maestros del Zen, apuntan constante y directamente al "corazón-espíritu" del hombre, para que el hombre reconozca su Ser Verdadero, no-nato e inmortal, y alcance la Budeidad.

Pero en su engaño espiritual, la gente no puede y no quiere creer que la Mente Única sea el Buda perfecto, y así, en su inconsciencia espiritual, se aferran a enseñanzas externas y buscan la verdad fuera de ellos mismos.

Pero solo cuando te sumerges, saltas directamente al océano de la sabiduría, al océano ilimitado de la Mente Única, entonces sabes cuál es la verdad. ¿Quieres saber cómo sabe una manzana? Muerde y lo sabrás. ¿Quieres saber qué es el agua? ¡Bébela o salta al agua! Este es el camino del Zen.

Muchas palabras confunden la mente, pero donde las

palabras son silenciosas, comienza el infinito. Todo pensamiento es una opinión errónea, y lo que sale de ella son solo conceptos vacíos. Pero lo eterno yace detrás e ilumina con su luz radiante todo el universo.

Este espíritu-Yo-Mismo iluminador es un todo omniabarcante, que lo contiene todo de una manera maravillosa. En este momento, aquí mismo, en este lugar, se revela como la realidad que estás buscando. Esta realidad de tu Ser Verdadero se muestra "ahora", ni en el pasado ni en el futuro. Porque el pasado ya terminó, y el futuro aún no existe.

El pasado y el futuro no son más que pensamientos que en el momento presente parecen estar en la mente. La experiencia del tiempo no es otra cosa que pensamiento. Pero "todo pensamiento es una opinión errónea", se dice en el Zen, y así el tiempo es inexistente. El maestro Zen chino Huang-po (siglo 9), uno de los más grandes maestros en la historia del Zen, lo expresa de esta manera:

A medida que los pensamientos aumentan, caes en el dualismo. El tiempo de inicio y el momento actual son iguales. No hay antes ni después. Solo por tu ignorancia distingues entre los dos. ¿Entenderás alguna vez, cómo podría haber una distinción?

El ahora es la eternidad atemporal en sí misma, y el espacio y el tiempo no son más que una secuela del pensamiento y por lo tanto una ilusión. Es crucial que te des cuenta de que la Verdad que buscas siempre está presente como tu Verdadero Sí-Mismo, ahora. Es por eso que el texto para la primera imagen de los bueyes dice:

"El buey nunca se ha perdido realmente. ¿Qué estás buscando?"

La verdadera búsqueda en el espíritu del Zen es así "que aprendes que no hay nada que aprender y buscar". Porque donde no se busca nada, el espíritu no nacido está presente. Él está siempre presente mientras lo buscas. Pero solo mediante tu reflexión constante y tu meditabundo cavilar descubrirás la radiante gloria de tu Ser Verdadero sobre las oscuras nubes del pensamiento discriminador.

Un monje le preguntó al maestro Zen Joshu: "La vaca blanca en el campo abierto, ¿cómo es?" Joshu respondió: "Bajo la luz de la luna, no hay necesidad de color".

El monje preguntó: "¿De qué se está alimentando la vaca?". Joshu: "No come nada". El monje dijo: "Maestro, por favor responda". Joshu dijo: "Es sencillamente así, que yo soy así".

La gloria radiante de la Mente Única es universal y, por lo tanto, no hay nada que lograr, pues ella es la verdad absoluta. Realmente no necesitas hacer nada más que involucrarte con lo que eres en el fondo de tu ser.

Caminar por el sendero del Zen significa que te involucras con todo tu en ser la inmediatez del aquí y ahora, en cualquier lugar, en cualquier momento, donde sea que estés y sea lo que sea que estés haciendo. Debido a que la realidad es la totalidad omniabarcante del ser, incluye el espacio vacío e ilimitado y los tres tiempos, pasado, presente y futuro, en un solo ahora.

La plenitud del ser divino está siempre presente y se revela ahora, ahora mismo, justo donde estás ahora. Si pierdes el momento presente, vives en la ilusión del tiempo y te pierdes la vida real. Porque la vida no sucede ayer ni mañana, sino siempre en el momento presente del "ahora". Esto también lo muestra el siguiente Mondo, o intercambio entre discípulo y su maestro:

Un novicio Zen fue al Maestro Zen chino Nansen (siglo 9) y dijo: "Maestro, todavía soy nuevo en el monasterio, buscando el camino hacia la iluminación. Por favor, dame algunos consejos sobre cómo encontrarlo".

El Maestro Nansen preguntó: "¿Oyes el sonido del río? Si es así, ese es el camino".

Estate, con todo tu ser, "ahora", en este momento, ¡realmente estate "aquí"! ¡Ve por completo a la presencia inmediata del ser! Esto es el camino Zen de comprensión directa e instantánea de la realidad tal como es.

El Zen es la forma radical de conocimiento directo e inmediato, sin adornos superfluos. No hay explicaciones eruditas, grandilocuentes ni circunloquios y generalizaciones engorrosas. Porque ninguna cantidad de explicaciones detalladas llevará a quien busca la liberación más cerca de su Ser Verdadero. Mediante este método de enseñanza original, inmediato y espontáneo, se saca a la mente de sus enclaves y se apaga el pensamiento.

Un día, un monje Zen vino al Maestro Zen Joshu y le preguntó: "¿Qué Zen trajo a China el primer patriarca Bodhidharma de la India?" Joshu respondió: "¿De qué sirve hablar de una historia tan antigua? ¿Qué es "ahora", en este momento, "tu" Zen?"

El Zen siempre apunta a la experiencia inmediata de la verdad pura y apunta con el mayor énfasis al propio corazón sin enredarse en la maraña de pensamientos y conceptos. La característica principal del Zen es innegablemente su incomprensibilidad. Como el agua que corre por tus dedos y desafía cualquier fijación. Las cosas están perfectamente claras, pero se vuelven confusas debido a tu pensamiento distintivo y conceptual, y el espíritu buey que estás buscando se aleja cada vez más. Al respecto, un maestro Zen ve como su tarea primordial liberar a su discípulo de la prisión de la mente para que abra el ojo interior de la sabiduría.

> Un budista bien leído pregunta al Maestro Zen Lin-chi: "¿Es cierto que las tres escuelas budistas enseñan la doctrina y la naturaleza del Buda?"
> Lin-chi dice: "¿Todavía no has terminado tu hierba?"

El Zen no puede convertirse en objeto de razonamiento lógico ni explicación. Su verdad debe ser experimentada en lo más profundo, para ser verdaderamente entendida. En el Zen resulta siempre esencial, por lo tanto, el desarrollo espiritual provocado por la práctica, la comprensión intuitiva en lugar del estudio intelectual.

A través de la comprensión de este comienzo

intuitivo, se obtiene en esta segunda imagen de los bueyes la transformación espiritual a una consciencia superior de nivel, un sentimiento de la totalidad omnipresente de ser.

Ahora se da cuenta de que todas las cosas, por muy diferentes que sean, son todas creadas del mismo oro y que todo lo existente no es diferente de su propio existir.

El cielo, el sol, la luna y las estrellas, las montañas, los ríos y todos los seres vivos tienen un único ser holístico. Todas las apariencias son una maravillosa revelación del espíritu buey. El sonido del río Talbach y el canto de los pájaros son voces de la verdad universal absoluta, y la montaña verde silenciosa es el cuerpo del Buda. Todo es la Mente Única al lado de la cual nada más existe. Infinita y omnipresente, irradia a través del universo entero.

Todo, sea lo que sea, todo es lo Único. Todas las apariencias son una revelación de una realidad y se mezclan completamente sin ningún obstáculo. Esta verdad de la totalidad omnipresente del Ser, "Hua-yen", es la corona de todas las enseñanzas budistas y, al mismo tiempo, una síntesis de todos los pensamientos esenciales del Mahayana.

En Hua-yen, la Mente Única universal se compara

con una superficie de mar ilimitada, en la que se encuentran todas las cosas y eventos en una interpenetración todo abarcadora que lo contiene todo en sí misma. Todo está en perfecta armonía, lo uno con lo otro, porque todo es la manifestación de un espíritu fundamental, como las olas en el mar. Todo en el universo, ya sea vivo o inanimado, es por lo tanto la Mente Única, al lado de la cual nada más existe.

El perceptor, el proceso de percepción y lo percibido: todo es un solo ser. "La forma es vacío y el vacío es la forma," nos dice la Hridaya–Sutra, la "Sutra del corazón de la sabiduría completa" que se recita a diario en los monasterios budistas Zen. La forma es vacío, "Shunyata". Vacío, eso significa sin sustancia propia, sin estar fuera de sí misma. Es solo apariencia, solo forma vacía.

El Maestro Zen Huichung (siglo 8) estaba en la corte cuando el emperador Su-dsung le preguntó: "Maestro, ¿qué conocimientos elevados ha adquirido". "¿Ve las nubes en el cielo, Su Majestad", respondió el maestro. "Por supuesto, las veo", dijo el Emperador. "Ahora os pregunto, Su Majestad, ¿cree que las nubes están clavadas en el cielo o colgadas en él?"

No se puede clavar una tabla en el vacío, dice el Zen. Todas las cosas están vacías, sin sustancia, no hay nada a lo que aferrarse. Son como nubes que pasan en el cielo y cuyo propósito es disolverse de nuevo algún día. Todas las cosas en nuestro mundo de fenómenos externos no son más que formas vacías. Eso significa: no son más que vacío.

Sin embargo, el vacío no significa que el mundo que percibimos no exista, sino que no es más que un fenómeno puro, sin realidad. En otras palabras, no es "inexistente" sino "irreal". Estos dos términos son fundamentalmente diferentes en su significado y no deben confundirse entre sí.

Por ejemplo, no podemos siquiera imaginar un triángulo redondo, por lo que es "inexistente". Un espejismo, sin embargo, es una de las cosas existentes, a pesar de que es irreal y por lo tanto no tiene realidad, y esto quiere decir que "es finalmente irreal". La concepción budista de la vacuidad de todas las apariencias no es, pues, un punto de vista nihilista. Más bien se trata de aclarar que todas las cosas están vacías porque carecen de sustancialidad subyacente.

La idea general es que nuestra consciencia absorbe las impresiones sensoriales del exterior, pero eso es un gran error puesto que todo sucede en la propia mente. No hay apariciones que no sean mente, porque de ella, a través de ella y en ella están todas las cosas.

Si estás genuinamente decidido a redescubrir tu espíritu buey perdido, entonces la fe inquebrantable en la doctrina del vacío del budismo con la "enseñanza únicamente del espíritu" es un requisito absoluto. Al respecto, debes renunciar a todo tu conocimiento y comprensión previos y ver el mundo como una alucinación. Todo lo que ves es solo un espectáculo ilusorio y mágico de la mente, como un espejismo, imágenes vacías, como la luna reflejada en el agua.

El no reconocer esta verdad universal se aplica en el budismo Mahayana y el Zen como la única causa de la servidumbre al Samsara -el ciclo de nacimiento y muerte-. Esta ignorancia es la raíz de todo sufrimiento, porque es ese estado de ánimo que no concuerda con la realidad. El no conocimiento del vacío de todas las cosas y la naturaleza engañosa de todos los fenómenos es la causa real de todo sufrimiento.

Pero no solo el mundo exterior de la apariencia, sino también todos los pensamientos habituales, las pasiones, todas las confusiones y sentimientos mentales son igualmente sin sustancia, en realidad desarraigados y fluidos. Es así que todos los obstáculos en el camino a la liberación, que surgen de las pasiones productoras de karma, no existen originalmente. Porque la causa y el efecto no son más que un sueño, sin ninguna realidad.

No hay mundo externo de apariencia que puedas superar, ni hay nada como una luz que sea alcanzable. La realidad de tu Ser Verdadero y el mundo exterior son uno y lo mismo. Todo lo que percibes es solo la proyección de tu propia mente, como en un sueño y, por lo tanto, son la mente misma. Nada viene de fuera de la mente. Si quieres percibir algo de afuera, esto solo significa que aparece en la consciencia.

> No importa qué tan lejos camine el buey,
> hasta alcanzar los barrancos más profundos
> de las montañas distantes.
> El rastro es tan difícil de perder
> como la propia nariz, que mira hacia el cielo.

Todo es la Mente Única, al lado de la cual nada más existe. Dondequiera que vayas, incluso en los profundos barrancos de las montañas distantes, todo lo que percibes es el espíritu buey, tu Ser Verdadero, lo que buscas. En todas partes, el espíritu buey está presente. Tú no puedes escapar de él. Sin embargo, como todavía careces de la distinción correcta en tu delirio mental, Kakuan dice en su comentario sobre el poema:

Pero aún no puede separar lo verdadero de la falsedad. Todavía no ha cruzado la puerta, pero ha reconocido el camino.

Aunque has alcanzado una cierta comprensión intuitiva en el camino Zen, el ojo de tu mente aún no se ha abierto. No has atravesado la puerta a la liberación. Pero has reconocido el camino y descubierto las huellas que te llevarán a tu Verdadero Sí-Mismo, al perdido espíritu buey.

III

Encontrando el buey

III. Poema y observación de Kakuan

La canción del ruiseñor suena brillante.
El sol está brillando suavemente, el viento
sopla calmo,
los pastos en la orilla del río son verdes.
Allí está el buey, nada puede
ocultarlo más.
¿Qué artista es capaz de pintar
esta magnífica cabeza
con hermosos cuernos?

Cuando escuchas la voz, puedes sentir su origen. Una vez que los seis sentidos están unidos, has pasado por la puerta. Donde quiera que vayas, donde sea, verás la cabeza del buey. Esta unidad es como la sal en el agua y el color en la tinta. Ni siquiera lo más pequeño es diferente del Verdadero Sí–Mismo.

III. *Comentario de Zensho*

La canción del ruiseñor suena brillante.
El sol está brillando suavemente, el viento sopla calmo,
los pastos en la orilla del río son verdes.

En tu transformación al nivel superior de consciencia, te vuelves sensible a todos los seres. Te vuelves más despierto y consciente de la autorrevelación de tu alma en todas las cosas. Escuchas la canción del ruiseñor y puedes sentir el origen de la voz como la manifestación de la realidad divina. Por ello se dice, en el comentario del Maestro Zen Kakuan al poema:

Cuando escuchas la voz, puedes sentir su origen. Una vez que los seis sentidos están unidos, has pasado por la puerta. Donde quiera que vayas, donde sea, verás la cabeza del buey.

El maestro Zen chino Hong-zhi (siglo 12) dice:

Cuando la percepción de los objetos no te ciega, ves que todas las cosas son la luz de la Mente. Con cada paso vas más allá de todos los límites, completamente libre, en

ninguna parte te detienes. Con gran claridad
y desenfrenado, con la consciencia abierta,
entras al mundo.

¿Qué implica entonces que "los seis sentidos están
unidos" para que la percepción de los objetos no te
ciegue? Estar cegado significa confundirse por las
muchas apariencias de un mundo exterior aparente.
Si tu mente no se ve afectada por las sensaciones,
entonces no se confundirá por la percepción de los
fenómenos externos, y tú reconocerás que todos los
fenómenos de la mente son lo mismo.

Así es que se trata de atravesar el mundo exterior
de las apariencias y preservar la autoconsciencia
de la mente. Percibes algo, miras y te quedas en
el ámbito espiritual y, por lo tanto, en medio de ti
mismo. Y luego puedes ver exactamente cómo hay
una tendencia en tu mente a referirse a lo percibido
bajo la forma de aceptación o rechazo.

Sin embargo, con solo mirar, sin querer cambiar
nada, el pensamiento no puede volverse separador,
y tú permaneces relajado en serena autoconsciencia.
El maestro Zen chino Ta-hui (siglo 12) nos da una
buena descripción de este camino del Zen activo:
"Esa consciencia más elevada de la mente que tan
diligentemente has practicado en silencio, debes
aplicarla especialmente cuando estás sumido en

el tumulto externo de la vida diaria. Si te resulta demasiado difícil, significa que no has ganado suficiente consciencia mental por la meditación Zen en silencio.

¿Estás convencido de que la meditación en silencio es mejor que la meditación durante la actividad, entonces has caído en la trampa de buscar la realidad huyendo de las manifestaciones externas y juzgando mal la causa de tu confusión mental.

Cuando anhelas la paz y aborreces el alboroto y el ruido, es hora de usar toda tu energía. De repente, la comprensión por la que has estado luchando tan duro en tus meditaciones silenciosas te será concedida en medio de todo el ruido."

No hay duda de que este camino del Zen de gran alcance de la meditación activa en medio del tumulto del mundo es la manera más rápida y segura para llegar a una experiencia constante que todo lo abarca, a la presencia del ser divino que todo lo penetra.

Entonces, en la práctica del Zen, se busca lograr una claridad de consciencia que te eleve por encima de cualquier ilusión de multiplicidad. De esta manera, comprenderás y experimentarás cada vez más todas las cosas, todos los fenómenos, todo lo que veas y lo que hayas hecho, como el espíritu buey, que es la propia Mente Única, tomando la apariencia con la que se te manifieste.

Todo es una gran Completitud que abarca todo lo que contiene de una manera maravillosa y perfecta. Miras hacia afuera, y esta, tu mirada hacia afuera, es una no mirada, ya que ya no es una visión dualista de la percepción.

Esto también está reflejado en un antiguo dicho del Zen: "Escuchar con los ojos y ver con tus oídos es la verdadera comprensión." Aquí no hay fuera y no hay dentro, solo hay pura ‚Existencia tal', Tathata, la verdadera naturaleza vacía de todas las cosas. En este estado mental de tomar consciencia de la totalidad omnímoda de todos los seres, alcanzas un especial momento de introspección y tomas consciencia de tu verdadera naturaleza.

Este es el momento en que tienes una visión de la verdadera naturaleza de todas las cosas y de ti mismo, y descubres tu espíritu buey en ti mismo. Has cruzado la puerta hacia Kensho, la autoconsciencia, y has redescubierto a tu espíritu buey, ¡tu Verdadero Sí-Mismo!

En Bi-yän-lu, el "registro de la roca esmeralda", del siglo 12, uno de los escritos esenciales de Zen con una colección de 100 Koans, se encuentran las siguientes palabras del Maestro Zen chino Yüan-wu:

Absolutamente claro y obvio: el buey en el campo abierto. Tiene ojos atentos y oídos abiertos. Pero dime, ¿qué es el buey en el campo abierto?

Allí está el buey, nada puede
ocultarlo más.
¿Qué artista es capaz de pintar
esta magnífica cabeza
con hermosos cuernos?

Este párrafo en nuestro poema para la tercera imagen del buey suena como una agradable adición poética. Pero en verdad es una indicación de gran importancia.

El poema describe la magnífica cabeza del buey con sus magníficos cuernos, aunque en la imagen solo se ve su parte trasera. Su cabeza es invisible y se encuentra entre las altas hierbas y arbustos. Esto expresa el hecho de que tu mente, en este momentáneo momento fugaz del avistamiento, aún no ha alcanzado su perfecta claridad. Dado que todavía estás atrapado en los zarcillos del pensamiento discriminador en esta etapa, por lo tanto, solo puedes reconocer un pequeño aspecto parcial de la realidad.

Pero si quieres reconocer y pintar el espíritu buey entero, con su gloriosa cabeza y hermosos cuernos, entonces tienes que convertirte en el espíritu buey, es decir, darte cuenta de tu Verdadero Sí-Mismo.

Sobre esto trata una historia de la antigua China:

El Emperador encargó a un pintor, honrado como gran artista del Imperio chino, que le pintara un gran cuadro de un dragón y que fuera muy vivaz. Pero a pesar de todos los esfuerzos, el pintor no logró pintar un cuadro con un dragón que pareciera vivo. Pasaron muchos meses y el Emperador se volvió cada vez más impaciente.

Un día, cuando el pintor una vez más se sumía en la desesperación por un nuevo cuadro fallido, de repente un enorme dragón asomó la cabeza por la ventana y le dijo al pintor terriblemente aterrorizado: "Puedes hacer todo el esfuerzo que quieras. Pero si quieres pintarme como realmente soy, entonces debes olvidarte por completo de ti mismo y convertirte en un dragón".

Esto también se expresa vívidamente en la siguiente historia con el maestro Zen Nansen:

Cuando el Maestro Zen Nansen estaba muriendo, un monje desde el primer asiento le preguntó: "¿Qué será usted en un centenar de años" Nansen: "Un búfalo de agua al pie de la montaña" El monje "¿Le puedo seguir allí"?

Nansen: "¡Si quieres hacer eso, entonces tienes que tener una mata de hierba en la boca!"

Si tú también quieres seguir al viejo maestro Nansen, entonces hay para ti, te guste o no, una sola manera: "En la muerte de tu personalidad aparente, el ,yo-engaño', debes convertirte en un búfalo de agua, en un buey espiritual". En palabras del místico cristiano Maestro Eckhart, quien está muy relacionado con el Zen: "Si el hombre quiere conocer a Dios, entonces tiene que olvidarse de sí mismo y de todo".

Pero mientras obtengas tu identidad de tu mente, tu vida entera estará determinada por el delirio del yo, el ego. Porque cuando te identificas con tu mente y tu pensamiento conceptual distintivo debido a tu falta de claridad mental, eres prisionero de la ilusión del espacio-tiempo y estás firmemente controlado por la camisa de fuerza de tus conceptos autoinducidos.

Esta mala interpretación ocasiona una gran suma de consecuencias negativas, porque es la causa real de todo sufrimiento humano. Mientras tú no conozcas tu Verdadero Sí-Mismo y no sepas quién eres en realidad, tu mente creará un yo personalizado e imaginado, con su tendencia de aferrarse y rechazar. Este pseudo-yo, creado como un sustituto del Verdadero Sí-Mismo por tu ignorancia, está lleno de miedos y necesidades, ya que siempre se esfuerza por mantener su falso sentido del yo.

Por eso estás siempre ansioso por resistirte a cualquier cosa que pueda poner en peligro la estabilidad e integridad de tu falso sentido del yo. Por esta actitud dualista de la mente, todos se enzarzan conflictos humanos y de otro tipo y, por lo tanto, sufren por tu culpa y la de los demás.

Es así que la raíz de todas tus ilusiones y sufrimientos está únicamente en tu predilección por impulsada por el yo-engaño. Sin esta visión aislada y habitual de la concepción del ego identificador, no hay dualidad, y por lo tanto no hay ilusión de una personalidad autoexistente. Porque lo que generalmente llamas tu propia personalidad no es en verdad más que un proceso de fenómenos psicofísicos sin ninguna realidad.

Todo con lo que te identificas en tu ignorancia, todos tus recuerdos, desde los primeros días de tu infancia, toda esta red completa de recuerdos de tu pasado muerto, es tu supuesta individualidad.

De esta manera, el falso yo, el engaño que se define a través del pensamiento discriminante, se aferra a la ilusión del tiempo, porque es consciente con aterradora claridad de que el momento presente del "ahora" es su disolución, significa su muerte segura. Al respecto, hace todo lo que está en su poder para mantener la ilusión del tiempo y se esfuerza por alejarse del presente.

Este pensamiento dualista atrapado en la ilusión del tiempo hace que su consciencia se experimente a sí misma como algo separado de todo lo que percibes, y así un error se acumula sobre otro error. Yo y tú, lo correcto y lo incorrecto, lo bueno y lo malo quedan atrapados en la maraña de tu pensamiento discriminatorio y conceptual. Por eso, tu supuesta personalidad no es más que una marioneta, que depende de tu propio condicionamiento.

"Estate aquí ahora, vuelve tu mente y mira tu verdadera cara antes de tu nacimiento", dice en el Zen. Todo lo demás es solo consumo innecesario de energía y una pérdida de tiempo. Porque analizarlo todo, por qué esto es así o no, y quién o qué eres, te lleva cada vez más a la maraña del ciclo de nacimiento y muerte del Samsara. Y recuerda, justo en el momento de mayor confusión, puedes ser superado por la muerte.

Al respecto, ve las cosas como realmente son, sin el concepto de tu interpretación dualista. Esta es la visión correcta y no identificada de un practicante del Zen, ese es el camino hacia la visión completa y clara de la mente. Si has encontrado al espíritu buey, tu Ser Verdadero, en el autocontrol, el "Kensho", entonces eres consciente de tu naturaleza primordial y verdadera, y llegas a un estado de consciencia de clara consciencia de la mente.

En esta experiencia, estás en armonía contigo mismo y con todas las cosas. Tu consciencia ya no es la de la separación en el camino de: "Aquí estoy y ahí está el mundo". Por el contrario, ahora entiendes que tu mente es todas las cosas y todas las cosas son una manifestación de tu propio Verdadero Sí-Mismo.

Esta unidad es como la sal en el agua y el color en la tinta. Ni siquiera lo más pequeño es diferente del Verdadero Sí-Mismo.

No importa cuán valiosa sea esta experiencia, que se confunde erróneamente con Satori, no debemos olvidar que esta "todavía no es la verdadera y gran experiencia de la iluminación" como ocurre con un verdadero Satori. Aunque la verdadera experiencia de Kensho, como la visión del ser, tiene un mayor grado de logro espiritual, está tan alejada de la verdadera iluminación como el cielo de la tierra. Puesto que el Satori es mucho más que una comprensión intuitiva del Ser Verdadero como en una experiencia de Kensho, ya que quien llega al Satori se disuelve por completo en el Satori.

Al ver al espíritu buey, en esta tercera imagen de los bueyes, has experimentado el Kensho, la esencia de tu verdadera naturaleza, en un fugaz y breve momento de esencia, de modo que el ojo de tu mente se ha abierto.

Pero aún no has muerto la Gran Muerte mística en una completa extinción del yo-engaño y resucitado de entre los muertos. Porque solo con la muerte del „ego" comienza la vida real. Solo entonces, realmente, empiezas a vivir. Además, las experiencias de Kensho pueden ser de diversos grados, y debes recordar que la mayoría de las experiencias de Kensho son muy superficiales y, hasta cierto punto, aún se encuentran en el nivel mental.

Algunos que pretenden haber visto el buey en realidad vieron solo una cola del buey. Pero la mayoría de los que orgullosamente afirman haber experimentado el Kensho, de hecho, han visto solo una cabra y luego tratan de llegar a casa en la cabra. Esto muestra que en esta etapa no estás realmente preparado para comprender los errores. Incluso si has parpadeado, como se dice en el Zen, y experimentaste una experiencia mística, tal vez un Kensho, ¡continúa! El maestro Zen chino Han-shan (siglo 17) dice:

Muchos de los que practican el Zen a menudo obtienen solo una comprensión superficial sin profundidad. Lo peor, sin embargo, es estar satisfecho con una realidad tan pequeña y superficial, sin buscar la profundidad.

Los antiguos maestros Zen chinos nunca han creado tanto escándalo por las pequeñas experiencias de Kensho, como es común hoy en día en los monasterios Zen japoneses. Hoy en día, cuando un practicante de Zen experimenta un destello tan pequeño, inmediatamente se le otorga el Certificado de Iluminación, Inka-Shomei. Pero para decirlo sin rodeos: la luz de la Mente Única brilla solo cuando todo lo que obstruye la luz, incluso lo más pequeño, es eliminado. Incluso el obstáculo más pequeño e incluso el error más pequeño deben eliminarse, porque lo más grande es igual a lo más pequeño, y lo más pequeño es igual a lo más grande.

Un monje le preguntó al Maestro Chih-chang, "¿Quién es el Buda?" El Maestro dijo: "¿Me creerías si te lo dijera?"
El monje dijo: "¿Por qué no debería hacerlo?" Maestro: "Tú eres él". El monje: "¿Cómo puedo saber que esto es así?" Maestro: "Si hay incluso una pequeña mota de polvo en su ojo, todo tipo de visiones engañosas lo asaltarán".

Lo que buscas es tu divino Verdadero Sí-Mismo, más allá del espacio y del tiempo y más allá del nacimiento y la muerte. Es tu propia realidad. Nunca la has perdido, ella siempre está ahí. Pero la has cubierto con las proyecciones del pensamiento discriminatorio y conceptual. Para ello, el Maestro Zen Huang-po te da un buen consejo: "La mente está llena de claridad radiante, así que deshazte de la oscuridad de tus conceptos muertos: ¡libérate de todo!"

IV

La captura del buey

IV. Poema y observación de Kakuan

Con fuerza agarra las riendas del buey
y lo sujeta con gran dificultad.
Su voluntad todavía es demasiado poderosa
y su fuerza
demasiado impetuosa,
para desterrar su salvajismo.
Asciende a las altas llanuras
por encima de la niebla de las nubes
o se avecina a un escarpado acantilado.

Ha capturado el buey, que estuvo oculto durante mucho tiempo en la naturaleza. Con gran dificultad le pone las riendas, pero el buey no lo sigue. Porque, enamorado de la natura salvaje, familiar y agradable, todavía lo atrae fuertemente hacia ella. Anhela la hierba de olor dulce y se aleja. Su mente todavía es demasiado indómita y obstinada. Si quiere someterlo, tiene que ir por el látigo.

IV. Comentario de Zensho

Con fuerza agarra las riendas del buey
y lo sujeta con gran dificultad.
Su voluntad todavía es demasiado poderosa
y su fuerza
demasiado impetuosa,
para desterrar su salvajismo.

Kakuan agrega como observación:

Ha capturado el buey, que estuvo oculto durante mucho tiempo en la naturaleza. Con gran dificultad le pone las riendas, pero el buey no lo sigue.

En la práctica del Zen, no es suficiente que tengas una visión mental, el Kensho, de tu verdadera naturaleza, el espíritu buey, y luego te sientes cómodamente y creas que eso es todo. Incluso si has visto tu mente por un momento, no puedes detenerte.

Más bien, se trata de atrapar y domesticar al espíritu buey recién encontrado cuando quieras llevarlo a casa. Por supuesto, es mucho más fácil decirlo que hacerlo. Porque en este estado de consciencia uno no tiene poder real sobre el espíritu buey, y sin una intensa práctica Zen, el buey huye rápidamente y escapa a tu percepción.

Asciende a las altas llanuras
por encima de la niebla de las nubes
o se avecina a una escarpado acantilado.

En su comentario sobre esta cuarta imagen de los bueyes, Kakuan dice:

Porque, enamorado de la natura salvaje, familiar y agradable, todavía lo atrae fuertemente hacia ella. Anhela la hierba de olor dulce y se aleja. Su mente todavía es demasiado indómita y obstinada. Si quiere someterlo, tiene que ir por el látigo.

Someterse al buey significa que ahora debe tener cuidado de que la mente no vuelva al concepto tradicional de su antigua visión y comportamiento. Has atrapado al buey, pero el espíritu buey aún no está en armonía contigo.

Cuando ve y huele la hierba perfumada, corre hacia el prado verde y no quiere regresar. Mientras siga tan salvaje e incontrolable, no estarás en armonía con él durante mucho tiempo y aún no podrás volver a casa con él. Aunque el Kensho te reveló tu verdadera naturaleza por un momento, todavía no puedes controlar el buey, tu mente, como deseas. Porque todavía no estás libre de tus profundas distinciones, tus pasiones y tus deseos yo-engaños. Todavía estás atrapado en los viejos conceptos de tus ideas subjetivas y tu pensamiento emocionalmente matizado. Tu buey todavía es demasiado salvaje e impetuoso y quiere arrastrarte tirando de las riendas al mundo familiar de los opuestos.

Pero solo si domesticas tu espíritu buey y llegas a ser tan verdaderamente libre de las limitaciones de la discriminación, el pensamiento conceptual, y tus pensamientos, que ya no se aferran a nada, sea lo que sea, solo así llegarás al verdadero entendimiento Zen.

La verdad del Zen solo puede desarrollarse en una mente que esté completamente libre de todos los conceptos y la compulsión del pensamiento separador y discriminador. Por cada distinción entre esto y aquello, te vuelves esclavo de tus proyecciones mentales creadas por ti mismo, y así solo te alejas de la verdad.

Pero solo cuando la mente se purgue de la maraña del pensamiento conceptual discriminador, el radiante resplandor de la Mente Única se manifestará en la vivencia de la iluminación.

En contraste con la gran experiencia de la

iluminación, el Satori, en el que el egoísmo se extingue por completo en la Gran Muerte, durante una experiencia Kensho el ego continúa existiendo.

Al respecto, siempre se corre peligro en un Kensho de que la percepción ganada se reprima en la disputa del pensamiento habitual y discriminatorio y sea olvide paulatinamente. Lo fatídico de esta situación es que en algún momento no quedaría nada más que el vacío recuerdo de la experiencia una vez tenida.

Es necesariamente ineludible para llegar a un Kensho -y por supuesto antes- que puedas consolidar la consciencia espiritual de ti mismo a través de la práctica de la meditación Zen, zazen, con el fin de lograr una consciencia constante de la mente, en cualquier lugar y en cualquier momento.

En el Zen, esta práctica se llama "capturar y domar al buey". Ahora que has encontrado el espíritu buey en ti mismo, debes ser consciente de él en cualquier parte, en todo momento, y hacerte uno con él.

Esta unidad debe convertirse, en la autoconsciencia involuntaria de la mente, en tu estado mental perfecto y natural. Sin embargo, esto solo es posible si no te aferras "al lado equivocado de la práctica del Zen" de la calmada quietud, en la cual reprimes todos los pensamientos. Los antiguos maestros Zen chinos llamaban a esto "el Zen inerte de la cueva mental de la nada muerta".

Muchos practicantes Zen son engañados y consideran esta "trampa de la nada muerta" con toda seriedad para lograr un mayor estado de introspección. La consecuencia de esto es que, a menudo y durante mucho tiempo, habitan en esta configuración mental, sin darse cuenta de cómo su verdad espiritual se vuelve cada vez más limitada y letárgica en lugar de ganar en nitidez y claridad. Al respecto, el maestro Zen chino Po-chan (siglo 17) advierte:

> Muchos practicantes del Zen se esfuerzan constantemente por detener sus pensamientos y reprimir violentamente sus mentes durante la meditación Zen. Tan pronto como surgen los pensamientos que los distraen, se asustan. Incluso los impulsos mentales más débiles se suprimen inmediatamente.
> Este tipo equivocado de práctica y comprensión es la trampa más grande en la que los practicantes del Zen pueden caer: "la trampa de la nada muerta". Tales personas están viviendo muertas. Se vuelven limitados, apáticos, insensibles y letárgicos.

Si realmente quieres alcanzar la liberación, entonces debes ir más allá de esta práctica falsa de calmar la mente. En el mejor de los casos, logras una eliminación temporal del pensamiento o un estado de sueño de yoga a través de ellos. No hay una apariencia real, ninguna cognición y ninguna experiencia vivencial de tu Ser Verdadero original.

Durante la meditación, no cometas el error de suprimir tus pensamientos. Porque si tratas de suprimir los pensamientos, entonces la mente solo reacciona con una mayor actividad mental.

Así que mantente relajado y mira directamente a cada pensamiento edificante sin referencia. No te alteres cuando surgen pensamientos que te distraen, sino mantén la vista clara para que no los reconozcas demasiado tarde. De esta manera, podrás cortar instantáneamente cada flujo ascendente de pensamiento con la "Espada de la consciencia completa de la Mente".

Una palabra esencial en el Zen es "falta de intención". Sé completamente sin voluntad durante tu meditación, porque tan pronto como tengas la intención de no pensar, siempre habrá una tensión psicofísica, porque la tensión es voluntad inhibida. Es importante no manipular la mente, sino dejarla tal como está. Deja la mente en su propia naturaleza verdadera. Cualquier intervención correctiva es incorrecta y solo conduce al agotamiento mental. Es por eso que se dice en el Zen: "Sé como un viejo incensario en un antiguo y abandonado templo del pueblo".

Durante la meditación Zen, zazen, permite la consciencia clara y sin obstrucciones de la mente y deja que tu respiración fluya sin problemas. Esto te llevará a tu centro para que te puedas recoger en ti mismo. La respiración Zen es una respiración profunda y tranquila, con el centro de gravedad en la parte inferior del abdomen. En esta área, llamada "Hara" en el Zen, experimentamos una sensación de estabilidad y acumulación de energía durante el zazen, que es muy útil para mantener la consciencia mental.

La respiración correcta es de suma importancia en la meditación Zen, porque a través de la inhalación y exhalación profunda y tranquila, la mente se vuelve clara como el cielo sin nubes. Respira lo más naturalmente posible durante el zazen, pero asegúrate de que la exhalación sea consciente y mucho más prolongada que la inhalación.

En general, uno no es consciente de su respiración, por lo que la inhalación y la exhalación suceden de manera muy automática. Pero en la práctica de la meditación Zen, se requiere respirar conscientemente. Respira conscientemente dentro y fuera, observando el flujo suave y calmado de la respiración. Esta respiración consciente y atenta es el latigazo de la atención plena que mantiene al espíritu buey en la presencia absoluta del ahora, de modo que la mente se vuelva firme y tu pensamiento ya no sea diferenciador.

Esta práctica de respiración consciente, a medida que continúas tu práctica, te lleva a un "Samadhi de la respiración", donde la respiración se trasciende a sí misma para que ya no se perciba conscientemente. Mientras sigas siendo consciente de tu respiración, en realidad no será un samadhi profundo, porque en este estado de consciencia no podrías percibir la respiración. En definitiva, se trata de la comprensión de una consciencia sin obstrucción y clara, en la que eres tanto uno con la respiración, que ya no eres consciente de respirar.

Cuando surgen pensamientos, sé consciente de su naturaleza vacía. Deja que los pensamientos y las imágenes interiores pasen como nubes en el cielo, sin relación o intervención. No te intereses en absoluto por lo que está sucediendo en tu mente, sino "mantente despejado" y centra tu consciencia en lo que está detrás del pensamiento.

Si, de esta manera, ya no alimentas al pensamiento, al no darle más consideración, se disuelve como copo de nieve en agua tibia. Esto te permitirá alcanzar, con la práctica constante de la meditación Zen, la claridad de la mente, para que a través de tu propia experiencia comprendas más y más que todas las apariencias surgen en tu propia mente.

Al comprender la irrealidad de todas las apariencias, las reconoces como vacías, de modo que ya no será posible para ti retener la noción ordinaria de un mundo de apariencias externas. El efecto posterior es que tu identificación con el aferramiento asociado a las cosas materiales desaparece. Al reconocer la naturaleza engañosa de todos los fenómenos, te liberas de tus conceptos y ves las cosas tal como son.

No pienses en un antes y un después de la meditación. Apaga completamente tus recuerdos del pasado, olvida el futuro, olvida tu cuerpo y tu mente. En ese momento del presente inmediato no hay espacio ni tiempo, solo existe el absoluto y eterno Ahora.

Mantén este estado puro de consciencia continua y despierta, donde habitas en la presencia inmediata del ahora. Deja que el momento presente sea tu única vida real. Esto te dará una autoconsciencia permanente, ininterrumpida y sin volición de la mente. Es la experiencia de la percepción la naturaleza de la mente, directa, desnuda y clara en el momento de tu vida diaria. Si eres constantemente consciente de tu propia mente original, entonces serás completamente espontáneo y natural en todas tus acciones. De esta manera, en el proceso continuo de tu comprensión espiritual, tu verdadera naturaleza Buda original se desarrollará. Al respecto, es esencial para tu práctica espiritual en el camino del Zen no solo practicar la meditación sentada de zazen de vez en cuando, sino volver a ella regularmente. Solo entonces se desarrolla tu poder de concentración mental, Joriki, con la capacidad de mantener constante tu consciencia espiritual. Esta ininterrumpida autoconsciencia de la mente fue descrita por los antiguos maestros Zen chinos como "el pastoreo de la vaca".

Cuando el que legaría a ser posteriormente el maestro Zen Shih-kung (siglo 8) todavía era discípulo de su maestro Ma-tsu, trabajaba un día en la cocina cuando el Maestro entró y le preguntó qué estaba haciendo allí. "Guardo la vaca", dijo el estudiante.

"¿Cómo la guardas?", Preguntó el Maestro. "Si ella se desvía del camino por un momento, ¡la llevo de vuelta por la nariz y no le doy tiempo para dudar!". El Maestro dijo entonces, "Realmente sabes cómo cuidar de la vaca".

A través de esta holística "práctica Zen del cuidado de la vaca", obtienes la capacidad de adaptarte espontáneamente a todas las situaciones y de actuar en consecuencia, sin perder la paz de tu consciencia espiritual. Porque la calma y el movimiento no son mutuamente excluyentes. Por el contrario, se complementan entre sí y deben, en medio de la vida cotidiana de nuestro mundo moderno, experimentarse como una unidad inseparable. Solo de esta manera puede aparecer el ritmo espiritual que impregna el cielo y la tierra.

Tienes que ir por el camino de la liberación en el medio del mundo. Porque, ¿cómo puedes aprender a nadar, excepto en el agua? ¿Cómo puedes vencer al mundo, excepto en el mundo? El camino del Zen solo tiene sentido si pones tu pie sobre él y realmente lo caminas.

Este es el Zen vivo y activo, ese es el verdadero Camino del Zen. Nuestro Ser Verdadero y original, experimenta el estado primario de la mente en medio del fuego del mundo: este es el camino del "loto de fuego". En el Zen, a uno le gusta usar la poderosa imagen del loto de fuego en contraste con el loto de agua, que solo existe de forma intacta, creciendo en un estanque silencioso. Por ejemplo, el maestro Zen chino Yung-chia (siglo 8) dice:

> En él, el poder de la verdadera sabiduría demuestra que uno está practicando el camino del Zen justo en el medio del fuego

del mundo. Esta flor de loto que florece del fuego es eternamente inmarchitable.

Al respecto, ten siempre en cuenta que la acción activa en el mundo y la consciencia silenciosa de la mente no son obstructivas y no son opuestos incompatibles. Solo cuando distingues entre la vida mundana y la espiritual haces dos de ella. En las palabras del Maestro Zen Lin-chi: "Si amas la santidad y desprecias lo mundano, aún te demoras en el mar del engaño espiritual".

Es esencial para el Camino Zen vivo y activo del loto de fuego que alcances tal consciencia de la imperturbabilidad de la mente y ecuanimidad, imparcialidad de juicio, que puedas mantener la estabilidad espiritual ganada en la meditación Zen incluso en las circunstancias externas más molestas. Aquí obtienes una continuación del ejercicio Zen en todas las actividades ordinarias de la vida diaria, donde ya no importa lo que estés haciendo, sino que depende de tu consciencia, es decir, tu "capacidad de ser consciente" durante la actividad. Y así, en cada situación de la vida, mantén una actitud relajada y tranquila de la mente inquebrantable.

La comprensión de la ecuanimidad es uno de los elementos esenciales de la práctica espiritual del budismo. Ecuanimidad en el Zen significa "un perfecto dominio de el espíritu buey".

Esto significa que en medio del ajetreo y el bullicio de la vida cotidiana, puedes adaptarte a todos los cambios, actuar de acuerdo con la situación y permanecer perfectamente calmado por dentro. Así, en todas las situaciones de la vida cotidiana, incluso si ocurren de manera súbita e imprevisible, podrás tomar decisiones claras y de ellas resultarán acciones correctas.

Pero la ecuanimidad en el budismo Mahayana tiene otro significado aún más profundo. Porque la comprensión de una ecuanimidad más alta requiere una comprensión profunda e imparcial de los seres obligados en su no-conocimiento. La ecuanimidad, en oposición a la indiferencia, significa que a partir de tu experiencia de ser uno mismo con todos los seres, vives la compasión en medio del mundo del Samsara y siempre estás listo para ayudar a otros en su liberación.

La compasión que todo lo abarca, Karuna, es un prerrequisito esencial en el camino hacia la iluminación. Al respecto, la idea central del budismo Mahaya es "bodhichitta", el "espíritu de la iluminación".

Bodhichitta es "sabiduría activa" y significa búsqueda de la iluminación en beneficio de todos los seres vivos, con el deseo de liberar a todos los seres de su esclavitud del ciclo del nacimiento y la muerte. Pero si buscas la iluminación solo para ti mismo y piensas: "Quiero llegar a ser un iluminado y dejar este mundo detrás de mí, no quiero nada más que ver con los hombres inconscientes entre los que he vivido hasta ahora", nunca alcanzaras la iluminación.

Puedes invertir millones de encarnaciones en el camino espiritual de esta manera, pero nunca experimentarás la iluminación.

Porque el avance hacia ese gran despertar liberador presupone una profunda comprensión de la totalidad omnipresente del Ser y no estar separado de todos los seres. Esto requiere una actitud mental que se abra a la vida en su universalidad, sin ninguna limitación. Tal enfoque holístico implica una compasión interna por el sufrimiento y las dificultades de todos los seres que sufren.

De esta experiencia de identidad surge el deseo de alcanzar la iluminación para todos y ayudar a la liberación de los seres. Porque solo cuando uno se libera puede ayudar a otros a ser libres, para que los ojos de la sabiduría se abran en ellos y se den cuenta de que han sido Budas desde el principio.

En el lenguaje del Zen, estas son las poderosas palabras del maestro Zen chino Mumon (siglo 13):

Un rayo en el cielo azul claro.

Todos los seres en la tierra han abierto sus ojos y todo bajo el sol se ha inclinado al mismo tiempo.

En el momento en que te despiertas, te das cuenta de que todos los seres siempre han sido Budas sin que ellos lo supieran. Cuando despiertas de tu sueño Samsara de un mundo tridimensional de espacio y tiempo, te das cuenta: "Todo es la Mente Única, donde nada más existe".

V.

La doma del buey

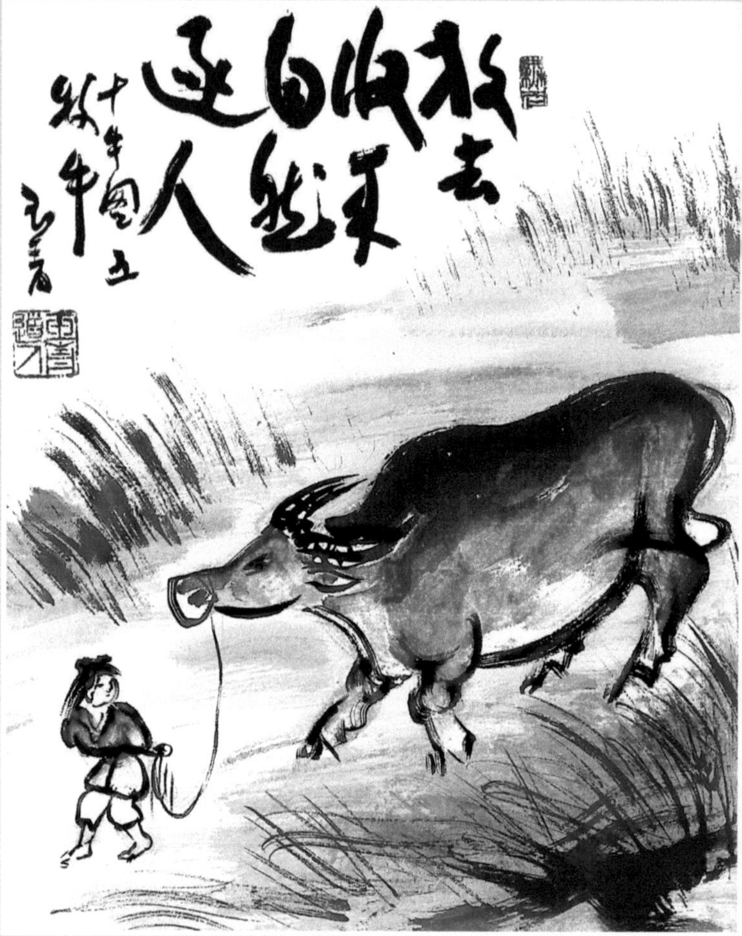

牧去收來自能逐人
十牛圖之
牧牛

V. Poema y observación de Kakuan

Látigo y las riendas son necesarios,
no debe dejarlos fuera de control ni por un
momento,
de lo contrario el buey se escaparía
por un camino polvoriento.
Pero está ahora bien domado,
es paciente y gentil.
Sin látigo ni riendas sigue voluntariamente
al pastor.

Si surge un pensamiento, más le siguen. En el despertar de la mente todo se vuelve verdadero. En la confusión mental, todo es falso. Las cosas no reciben su existencia a través del mundo exterior, ya que surgen solo en la propia mente. El pastor debe aferrarse a la cuerda guía y no debe dejar surgir las dudas.

V. Comentario de Zensho

Látigo y las riendas son necesarios,
no debe dejarlos fuera de control ni por un
momento,
de lo contrario el buey se escaparía
por un camino polvoriento.

En este momento has encontrado tu buey y lo has capturado. Pero ahora es imperativo que puedas domar a tu buey indomable. La doma consiste en una transformación completa de la naturaleza descontrolada, salvaje y obstinada del buey en dulzura y docilidad. Pero sin una voluntad fuerte, combinada con una atención plena, no tendrás éxito en controlar tu espíritu buey.

Las "Riendas de Pastor" representan la fuerte voluntad de tu capacidad espiritual interna, con la cual evitas que tu espíritu buey escape a los parajes familiares de sus viejos conceptos. Esto es así porque sus puntos de vista y patrones de comportamiento familiares e ilusos se han vuelto tan sólidos en su mente que no son tan fáciles de disolver.

Pero sin el látigo de la atención constante, no podrás domesticar a tus espíritus. Es por eso que el Maestro Zen Yüan-wu (siglo 12) nos da el buen consejo: "Presta, desde el momento en que te levantes por la mañana, mucha atención y mantén la mente tranquila; y sea lo que sea que digas o hagas, mira cuidadosamente y ve de dónde viene y qué es lo que hace que todo esto suceda".

Si surge un pensamiento, más le siguen. En el despertar de la mente todo se vuelve verdadero. En la confusión mental, todo es falso.

Un pensamiento y otro pensamiento, y ya surgen todos los sentimientos y, por lo tanto, surgen una variedad de problemas. Pero cuando las emociones aumentan, la clarividencia mental se pierde y caes en una confusión total. En otras palabras, cuando tu mente se mueve a sí misma, todas las cosas se exaltan, y cuando tu mente descansa, todas las cosas desaparecen. Pero, ¿qué es este moverse-a-sí de la mente?

El moverse-a-sí de la mente es la ansiedad en la superficie del mar espiritual, causada por tu visión dualista de aceptación y rechazo. De esta manera, las olas de pensamiento discriminativo se exaltan como efectos.

Al mismo tiempo, sin embargo, estos efectos son responsables de las consecuencias. Porque cuando los pensamientos aumentan, también lo hacen los sentimientos, y donde los sentimientos se exaltan, vuelven a crecer más pensamientos y tu consciencia se pierde. Este proceso de independización de pensamientos y sentimientos continúa, de modo que finalmente te pierdes por completo en el flujo de una corriente incesante de pensamientos.

Por esto es extremadamente importante desarrollar una consciencia de vigilia a través del poder de la consciencia que te mantendrá alejado de las distracciones y la inercia mental. Así que conviértete en el observador de tus pensamientos, con sus patrones de pensamiento constantemente repetidos y condicionados, y el pensamiento perderá su compulsión. Al hacerlo, te liberas de tu visión inconsciente y dualista con su impulso separador de discriminación y juicio.

Cuando observas que estás pensando en algo que te molesta e inhibe, siempre hay conceptos erróneos involucrados. Si consiguieras, mediante la práctica del Zen, domesticar al espíritu buey y obtener una conciencia libre de la mente de modo que tu mente esté vacía y clara como el espacio vacío, se rompería de inmediato la cadena de causa y efecto.

Libérate, por lo tanto, de tu compulsión separadora de pensamiento conceptual discriminatorio y causante de problemas, y se revelará tu verdadera naturaleza en su pureza original. Este, tu Ser sin nacimiento y sin muerte, en su prístina pureza, es la

"Dharmakaya", radiante en su brillo, la realidad de la Mente Única, al lado de la cual nada más existe. Esto significa que todo lo que percibes en el mundo, incluso la aparente firmeza de la sustancia, no es más que una idea ilusoria de tu mente. Es por eso que la observación del quinto poema dice:

Las cosas no reciben su existencia a través del mundo exterior, ya que surgen solo en la propia mente.

Todo lo que percibes y experimentas no es real sino un producto de la proyección de tu mente. Al respecto, el mundo exterior de la apariencia y, de hecho, el ciclo completo de nacimiento y muerte, no son en verdad más que el juego de tu propia mente sin ninguna experiencia externa.

Pero, como la verdadera naturaleza de todas las cosas es solo mente y, por lo tanto, está vacía, una vez que profundizas en la ilusión de las apariencias y entiendes la naturaleza de tu mente, tu esclavitud se disuelve automáticamente en el mundo de las apariencias.

Es decir, te liberas al darte cuenta de que la naturaleza pura y omnipresente de tu mente y la naturaleza de todas las cosas son una, porque todo es la Mente Única, al lado de la cual nada más existe.

¿Quieres experimentar la Mente Única? entonces es absolutamente necesario que tu mente se vuelva clara y vacía. Porque solo una mente clara se reconoce a sí misma.

Entonces, si quieres cabalgar a casa sobre tu espíritu buey, debes domarlo primero y estar en armonía con él. Es decir: "Debes ser completamente uno con él". Esto presupone que, al mantener la conciencia de la mente, tienes cuidado de no apartar al espíritu-buey del camino correcto.

El pastor debe aferrarse a la cuerda guía y no debe dejar surgir las dudas.

**Pero está ahora bien domado,
es paciente y gentil.
Sin látigo ni riendas sigue voluntariamente
al pastor.**

Después de una larga y dura lucha con el espíritu buey, gradualmente lo domesticas y queda bajo tu control. Es decir, al mantener una consciencia constante, prestas atención al hecho de que la mente no se vuelva diferenciadora de nuevo y se convierta en una víctima de sus viejos conceptos de deseo, rechazo y engaño mental. Sin embargo, esto presupone que, a través de la práctica Zen, luchas continuamente por mantener tu mente limpia liberándola de todas las impurezas.

Los antiguos maestros Zen chinos lo llamaban "bañar a la vaca". La vaca, que representa el espíritu buey, aparece una y otra vez en los mundos -diálogos entre maestro y aprendiz- y los Koans de los antiguos maestros. Está estrechamente relacionada con las pinturas de los bueyes y tiene un significado muy profundo en el Zen. Bañar a la vaca significa en el Zen: "obtener un estado mental de atención continua e ininterrumpida con una consciencia constante de la propia mente". Esto se presenta con claridad en la siguiente historia:

El maestro Zen chino Nansen (siglo 9) pasó junto al baño y le preguntó al monje que era responsable de calentar el agua: "¿Qué estás haciendo?" El monje respondió: "Caliento el agua".

Nansen dijo: "Cuando termines, no olvides llamar a la vaca y bañarla". El monje respondió: "Está bien".

Esa misma noche, este monje entró a la habitación de Nansen. Nansen dijo: "¿Qué estás haciendo aquí?" El monje respondió: "Estoy aquí para decirle a la vaca que su baño está listo". Nansen preguntó: "¿Tienes la brida?"

El monje estaba sin palabras. Cuando el maestro Zen Joshu visitó a Nansen, este le contó lo sucedido. Joshu dijo: "Tengo algo que decir". Nansen dijo: "¿Tienes la brida?" En ese momento, Joshu agarró la nariz de Nansen y tiró. Nansen dijo: "Está bien, está bien, ¿por qué eres tan brusco?"

El viejo Joshu realmente levaba la brida con él. Y cuando agarró la nariz del Maestro Nansen, dejó claro que tenía un control estricto sobre su espíritu buey.

El Zen es siempre refrescantemente directo y no se queda en bellas palabras y alboroto amistoso para tranquilizar el ego. El Zen tiene un solo propósito: quiere destruir completamente todos tus apegos a las palabras, creencias y expectativas, para que te despiertes de tu sueño de estar vinculado al ciclo de nacimiento y muerte.

Te estás perdiendo la realidad existente justo donde estás ahora y no te dejas ir aunque la propia realidad esté justo frente a ti, es por eso que no estás en posición de experimentarla. Al respecto, todos los diferentes sistemas religiosos de pensamiento surgieron con exposiciones inteligentes. Pero estos no son más que bellos medios reconfortantes para hacer que los niños pequeños se calmen.

Todo está aquí. No falta nada, no hay nada que buscar

y nada que ganar. Es solo un cambio de consciencia. Solo de esta manera sobrepasas esa „conciencia de mono" familiar y cotidiana que salta de una idea a otra como un mono de rama en rama, porque está inquieto cuando no tiene nada a lo que agarrarse.

En el budismo, el mono simboliza la conciencia inquieta. Por lo tanto, en la iconografía budista de la Pratitya-Samutpada, la gran rueda del nacimiento, el envejecimiento, la desesperación, la enfermedad, el dolor y la muerte, uno ve a un mono atado a un árbol para que no pueda moverse. Esto significa que tan pronto como la conciencia se asiente, la mente se aquieta. Cuando ignoras la tendencia de aferrar y reprimir porque sabes que solo es como un viento en movimiento, que sopla sobre la superficie del lago de la conciencia y causa miles de olas, la superficie se calma e inmóvil.

Entonces, en la perfecta visión clara del espíritu buey inmóvil, puedes mirar hacia abajo hasta el fondo del mar espiritual y reconocer tu verdadera cara antes de tu nacimiento. Este misterioso tesoro sagrado que es necesario exaltar, pero solo se puede conocer dejes de alterar en el lago del conocimiento, de manera que no crees más olas que cubran tu Verdadero Sí-Mismo.

Así que deja que todo fluya, olvida tu cuerpo y tu mente. ¡Olvídate de ti mismo! Sin embargo, no puedes hacer esto intencionalmente, sino solo tensándote en el momento presente del ahora.

En esta presencia absoluta del ahora, te vuelves permeable a la luz pura de la Conciencia Absoluta. En el momento de dejar ir, la realidad de tu Verdadero Ser original antes de tu nacimiento resplandece en toda su glori, y te das cuenta de que esta luz radiante de la Mente Única no está separada de ti, sino que es tu Verdadero Sí-Mismo eterno.

Sin embargo, para lograr esta maravillosa experiencia de tu verdadera naturaleza primordial, es necesario que hagas de tu vida una vida en la presencia inmediata del "ahora" absoluto.

En definitiva, se trata de liberarse de todos tus condicionamientos y, por lo tanto, de todos los patrones de pensamiento y los patrones de comportamiento que los acompañan. Pero dado que el condicionamiento es siempre una consecuencia del pensamiento conceptual, el Maestro Zen Huang-po te da buenos consejos:

"Apártate del error de los procesos de pensamiento mental o conceptual, y tu verdadera esencia se revelará en su pureza original. Solo este es el camino hacia la iluminación".

VI

El regreso a casa a lomos del buey

VI. Poema y observación de Kakuan

Vuelve a casa felizmente
en la parte posterior del buey
con serena compostura.
El sonido de su flauta continúa sonando
en la distante niebla vespertina.
El verso al ritmo de su canción
tiene un significado infinitamente profundo.
¿Todavía necesita palabras
que entiendan este profundo significado?

La pelea finalmente ha terminado. Los beneficios y las pérdidas se han disuelto en el vacío. El pastor canta de manera rural y toca en la flauta las canciones simples de los niños de la aldea. Se sienta en el lomo del buey y mira alegremente hacia las nubes en el cielo.
Si lo llamas, él no se da vuelta. Si quieres frenarlo, él no se detiene.

VI. *Comentario de Zensho*

**Vuelve a casa felizmente
en la parte posterior del buey
con serena compostura.**

En este estado mental, que en el Zen se llama "el reflejo alegre de la mente", has llegado a una consciencia silenciosa y sin esfuerzo del espíritu buey. Esto se refiere a un estado de paz interna continua con una consciencia clara y sin esfuerzo de la mente.

El sabio taoísta Lao Tse dice: "Este es el regreso al origen y significa silencio. El silencio significa regresar al destino. Volver al destino significa la eternidad". Con las palabras poéticas del maestro Zen chino Hung-chih (siglo 12):

En silencio y en tranquila serenidad, todas las palabras son olvidadas: brillantemente clara y llena de vida aparece ante ti. Cuando te das cuenta de ello, es inconmensurable y sin principio ni fin. En su luz esencial, uno se vuelve realmente consciente de todo.

Un espejo único es esta conciencia radiante, llena de maravillas es esta reflexión pura y fuerte. El rocío y la luna, las estrellas y los ríos, la nieve y los pinos, y las nubes que se ciernen sobre los picos de las montañas. De la oscuridad, todo se convierte en brillo deslumbrante; de la oscuridad, todo se vuelve luz deslumbrante. Los milagros infinitos esperan y tejen en esta tranquila serenidad.

Cuando hayas llegado a percibir tu Ser Verdadero en la consciencia de la mente, sin esfuerzo y con visión clara, te resultará difícil volver a adoptar tus viejas formas de ver y comportarte.

En este estado de ánimo, eres consciente del espíritu buey como tu Verdadero Sí-Mismo. En la comprensión de esta brillante y clara autoconsciencia existe solo el presente. Te has vuelto completamente uno con este momento. El observador y lo observado fluyen juntos en uno. El observador se convierte en lo observado.

Pero esta no es aún la más alta comprensión, porque en esta experiencia el espíritu buey-buey, en su consciencia, todavía está allí. Sin embargo, este es un obstáculo casi imperceptible, pero extremadamente grande en el camino hacia la iluminación.

Porque en tu camino hacia la completa liberación del espíritu buey, tienes que dejar todo atrás, sea lo que sea, y en última instancia, también a Buda. Así, el maestro Zen chino Pai-chang (siglo 9) dice: "Mientras tengas un Buda, todavía estás obligado al nacimiento y la muerte". Por eso, el Maestro Eckhart dice: "Por eso le pido a Dios que me libere de él".

> *Se sienta en el lomo del buey y mira alegremente hacia las nubes en el cielo.*
> *Si lo llamas, él no se da vuelta. Si quieres frenar-lo, él no se detiene.*

Este es el retorno a la armonía serena con la totalidad omnipresente del Ser. Sujeto y objeto, lo visto y el ver, el ser humano y el espíritu buey, todo está en el camino de regreso a la Gran Unidad.

El buey y el pastor son todavía dos al comienzo de la secuencia, y se están yendo juntos cada vez más hacia la unidad. No hay vuelta atrás, y eres avanzas imparable a tu destino, hacia la gran liberación del nacimiento y la muerte. Al respecto se dice en la observación al poema:

> *La pelea finalmente ha terminado. Los beneficios y las pérdidas se han disuelto en el vacío.*

La batalla con tu espíritu buey ha terminado, pero esta aún no es la gran liberación, porque aún no has experimentado el Satori ni la iluminación.

El fruto de tu práctica espiritual ha aparecido en el Árbol de la comprensión mental, pero es demasiado pequeño y aún no está maduro. Pero ya has dejado atrás muchos de tus viejos conceptos y has adquirido la consciencia de regresar a la fuente de toda la existencia. Adelante, cabalga tranquilamente a casa sobre tu espíritu buey, pero aún no has llegado.

Al ver al espíritu buey, en nuestra tercera ilustración de los bueyes, se te ha dado un breve primer vistazo de tu verdadera naturaleza. Con el cuarto y el quinto buey, a medida que avances en tu viaje espiritual, gradualmente obtendrás una visión más profunda de tu verdadera naturaleza. Pero si los diez bueyes también muestran diferentes etapas de desarrollo espiritual, no debemos suponer que estos son niveles diferentes de iluminación.

"¡No hay iluminación gradual! Esta no tiene etapas diferentes, y todo ocurre de repente". Este es un núcleo esencial del verdadero y original Zen de los antiguos maestros chinos, como los grandes gigantes del Zen: Huang-po, Lin-chi, Ma-tsu, Hui-neng y muchos otros.

La gran experiencia de la iluminación es como el florecimiento repentino de la flor de loto y se asemeja al despertar repentino de un soñador. La iluminación siempre ocurre de forma instantánea y completamente inesperada, ya que es una experiencia momentánea absoluta. Si no ocurre de repente y en un momento, entonces no es una verdadera experiencia de iluminación. La experiencia de la iluminación no se logra, como creen los representantes de un dogmatismo unilateral, extendiendo y aferrándose a la autoconciencia, sentado durante horas en una cuenta atrás con las piernas cruzadas. Más bien, se alcanza solo en la aniquilación completa de la adhesión a esta consciencia. Solo cuando llegues más allá te será revelado el vacío perfecto, no sustancial e iluminador, como la gloria radiante de la Mente Única.

Pero para llegar a esta maravillosa experiencia de la Gran Iluminación, inevitablemente debes atravesar la experiencia de la Gran Muerte, como se la llama en el Zen. En palabras del maestro Zen chino Ta-hui (siglo 12):

> Solo cuando dejas que tu mente se sumerja abruptamente en la profundidad insondable, que las mentes y los pensamientos nunca podrán alcanzar, y mueras la Gran Muerte, verás la Mente Única, absoluta y radiante. Solo entonces alcanzarás la liberación del ciclo de nacimiento y muerte.

La verdadera práctica espiritual es una cuestión de vida o muerte que finalmente implica la muerte del ego. Solo en el giro radical hacia adentro, al morir en tu esencia más profunda, reconocerás tu verdadera naturaleza esencial. Porque solo cuando seas renovado por el bautismo de la muerte mística puedes experimentar la plenitud del ser.

Pero sin perseverancia en el camino hacia la liberación y sin la guía espiritual de un maestro iluminado, no puedes alcanzar la iluminación. Porque el Zen es una transmisión directa de luz, de espíritu a espíritu. Esto se hace en la tradición del Zen en una transferencia directa y secreta del espíritu del corazón al espíritu del corazón, „Ishin-Denshin", del maestro al discípulo. Así dice el Maestro zen chino Huang-po:

No hay comprensión a través de las palabras, solo una transmisión de mente a espíritu. Porque solo hay un entendimiento misteriosamente silencioso y nada más.

Casi nunca sucede que una persona experimente la iluminación sin la guía de un maestro iluminado. El aprendizaje bajo un maestro Zen, sin embargo, presupone la actitud mental verdadera necesaria del espíritu del principiante, "Soshin".

Es esa actitud abierta en la que el estudiante Zen se da cuenta de que hasta que no haya comprendido su verdadera naturaleza, el espíritu buey, no sabe nada.

Este es el requisito previo absoluto para dejar ir todas sus atesoradas ideas y conceptos, y por lo tanto para el despertar de la mente.

Cuando estás con un maestro verdaderamente iluminado, estás en el resplandor de su mente despierta, en su campo iluminado de energía. Pero en realidad nunca estás separado de esta energía iluminada. Porque es el poder espiritual de tu propio Verdadero Sí–Mismo siempre presente, escondido solo detrás del velo de tu engaño espiritual, de modo que no puedes experimentarlo sin la presencia dichosa del Maestro.

Sin embargo, si tienes una mente abierta y vacía y estás con el Maestro, entonces, dependiendo de cuán lejos te involucres en él, también estás en sintonía con el resplandor místico de su energía iluminada. Esto te abrirá el ojo del conocimiento en el proceso de transformación de tu comprensión espiritual ante el gran misterio de tu naturaleza universal. Abre la puerta al infinito espacio interior que se te revela en su infinitud supraespacial y en su eternidad atemporal.

El sonido de su flauta continúa sonando
en la distante niebla vespertina.
El verso al ritmo de su canción
tiene un significado infinitamente profundo.

En general, la flauta china clásica consiste en una caña de árbol con boquilla y orificios laterales. Pero la misteriosa flauta del Zen es la mística "Flauta de hierro sin orificios", y solo aquellos que saben cómo tocar el arpa sin cuerdas podrán soplar la Flauta de hierro sin orificios. Esto también se expresa en el poema Zen del maestro Zen chino Hsüeh-tou (siglo 11):

La luna se cierne sobre los pinos, y el porche nocturno está frío, cuando un viejo lamento de tu flauta de bambú se pone a llorar.
Pero el sonido de la flauta de hierro sin orificios va más allá de todos los sentimientos. No toques hasta que el sonido silencioso del viejo Lao Tze llene todo tu ser.

l maestro Zen japonés Hakuin (siglo 18) creó uno de los Koans más famosos, que los maestros Zen utilizan con frecuencia en el entrenamiento Zen:

Si aplaudes con dos manos, crearás un sonido.
Pero, ¿qué sonido crea el aplauso de una mano?

El sonido sin sonido del Zen es la "verdad más allá de las palabras". Es la verdad que está más allá de todo lo que pueden captar los sentidos y la mente que revela nuestra verdadera naturaleza. Por ello termina la sexta imagen de los bueyes con las palabras:

**¿Todavía necesita palabras
que entiendan este profundo significado?**

VII

El buey está olvidado

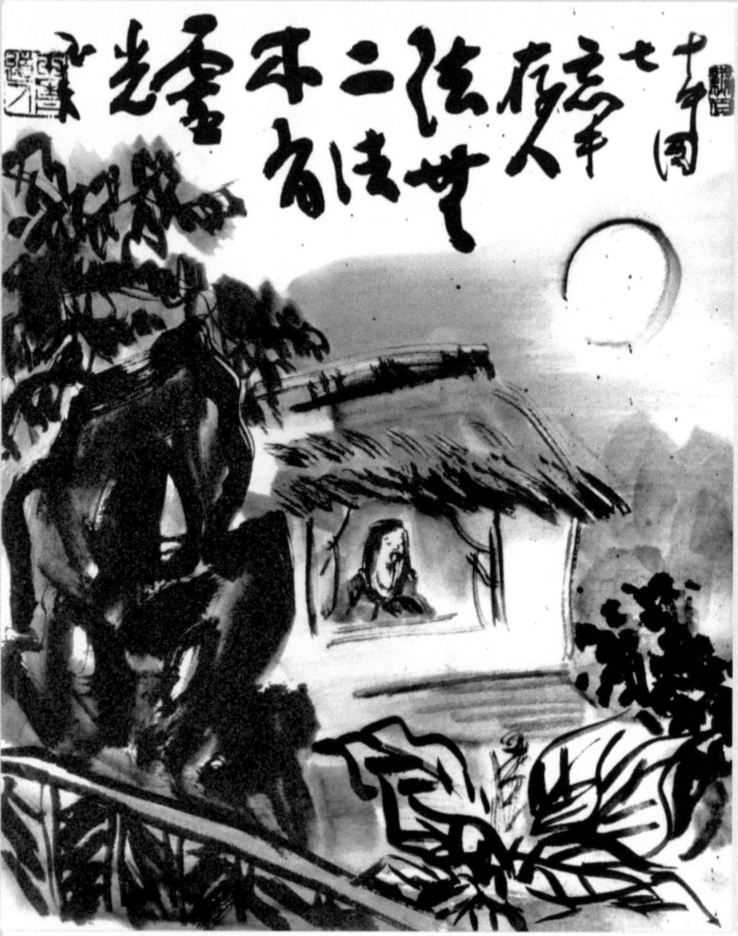

VII. Poema y observación de Kakuan

Regreso a casa
a la espalda del buey.
Pero he aquí, el buey
ya no se ve.
Solo el pastor sentado
en paz serena.
La mañana llega,
así que el sol rojo ya está
alto en el cielo.
El brillante resplandor de la luz clara
ilumina desde la eternidad sin tiempo.
En su casa cubierta de paja,
el látigo y las bridas son inútiles.

En la verdad más alta, no hay dualidad. El buey es nuestro Ser original e íntimo, ahora lo ha reconocido. Cuando la liebre queda atrapada, ya no necesitas una trampa. Si el pez fue capturado, ya no necesitas la red. Es como extraer oro brillante de la escoria, o como la luna que viene de detrás de las nubes.

VII. Comentario de Zensho

Regreso a casa a la espalda del buey.
Pero he aquí, el buey ya no se ve.

En la imagen del sexto buey anterior, el pastor ha alcanzado la armonía con el buey. Pero ahora se ha vuelto tan una unidad con él, que ya no es necesario que recuerde su presencia. Esto significa que el espíritu buey ya no es perceptible como una experiencia objetiva consciente, ya que el pastor ahora lo reconoce como su Ser Verdadero más íntimo.

En la verdad más alta, no hay dualidad. El buey es nuestro Ser original e íntimo, ahora lo ha reconocido.

Has experimentado la dominación del espíritu buey tan alejada de ti como nunca antes. Pero en esta imagen del buey, en la que se domina al buey, el animal está completamente olvidado. Su conocimiento consciente ahora se ha disuelto. Esto significa que el espíritu buey desaparece de tu consciencia como un "objeto" de percepción. Es como la relación entre la liebre y la trampa y entre el pez y la red. Entonces Kakuan dice:

Cuando la liebre queda atrapada, ya no necesitas una trampa. Si el pez fue capturado, ya no necesitas la red.

Esta parábola, que originalmente vino del maestro taoísta Dschuang-tse (siglo 3 AC), no se refiere solo al espíritu buey. También se refiere a todas las enseñanzas y verdades budistas. Incluso la esencia, el Kensho, y también el Zen, quedan completamente olvidados. Pues solo cuando te hayas liberado de todo lo que es, y te calmes interiormente y estés vacío y quieto, la verdad te será revelada más allá de las palabras.

**Solo el pastor sentado
en paz serena.
En su casa cubierta de paja,
el látigo y las bridas son inútiles.**

Ahora el espíritu buey ha trascendido y tú eres el dueño de tu mente y estás en tu hogar, lo que significa que estás descansando firmemente en tu espacio interior. Con este alto nivel de consciencia, la experiencia Kensho ha llegado realmente a la madurez. Aquí uno solo puede hablar de una verdadera visión esencial, de un Kensho verdaderamente realizado.

Muchos budistas están tentados a considerar este

el más alto estado de iluminación. Pero de acuerdo con la verdad del Zen, este estado mental todavía está cerca de los límites del Samsara, el ciclo de nacimiento y muerte. Aunque apunta a una mayor comprensión, esta aún no es la Gran Liberación.

"Todavía no es el gran Satori" como en una verdadera iluminación, porque en esta experiencia de un elevado Kensho, el que ha experimentado la unidad con el espíritu buey todavía está allí.

El espíritu buey se ha ido ya, pero "la persona permanece" ¡y ese es el problema crucial! Pero es en el completo olvido del "espíritu y la persona" que se revela la comprensión del Zen. Porque solo en el completo olvido del espíritu-buey y de la persona se destruyen todas las distinciones de lo relativo y lo absoluto.

La persistencia de la persona, como producto de la autoimagen de un ego, es el mayor obstáculo a la liberación ilimitada. Al respecto, el Maestro Zen Po-chan (siglo 17) te dice:

> Déjate fluir audazmente al borde del abismo.
> Lánzate al abismo, lleno de determinación y confianza. Solo después de la muerte del yo-engaño empiezas a vivir. Solo eso es la verdad.

Dejarse fluir al borde del abismo es caer en tu propia

profundidad. La gota de agua cae al mar y se disuelve en ella, y tú estás en la totalidad que todo lo abarca del ser. Esta experiencia revela el radiante resplandor de un Verdadero Sí-Mismo divino que ilumina todo el universo con su luz.

Pero para lograr esa experiencia maravillosa, la obsesión de tu personalidad debe desaparecer por completo, es decir, se debe extinguir radicalmente. Porque la raíz de todos tus problemas y sufrimiento radica únicamente en tu delirio mental con la ilusión de una personalidad que existe por sí misma.

Como resultado, el verdadero y más elevado propósito de tu pseudopersonalidad es disolverse. Es la muerte del que cree ser una persona y, en esta identificación con la red de recuerdos de su pasado muerto, cubre su Verdadero Sí-Mismo eterno. En un viejo dicho Zen se dice: "Debes saber por ti mismo que el hombre que realmente vive sale solo de un hombre muerto".

Renuncia a la ilusión de tu concepción de la personalidad de una vez por todas y cambia tu consciencia de la pseudopersona ilusoria al espacio vacío ilimitado de la mente, y estarás en la plenitud de la totalidad omnipresente del ser.

Sin embargo, al no reconocer tu verdadera naturaleza original, tu conciencia espiritual se ha reducido a la ilusión de una personalidad autocontenida que se ve separada de todo, de modo que cubres tu Verdadero Ser de mente infinita y supramundana con todo tipo de conceptos y nociones. De esta manera, te limitas y entras en un estado deplorable de estrechamiento de la consciencia.

La consecuencia es que solo puedes capturar una pequeña sección, un pequeño aspecto de toda la realidad. La vastedad ilimitada de la Mente Única se ha reducido a un pequeño círculo de consciencia del ego individual.

Es como si estuvieras mirando a través de una caña hacia la inmensidad ilimitada del cielo y aceptases la vista limitada de todo el cielo. Pero cuando cae la paja de tu conocimiento limitado de la personalidad de un individuo, te alzas en la vastedad ilimitada de la mente. Entonces, por primera vez, realmente entiendes el significado profundo de las palabras de Huang-po: „La Mente Única y la mente de uno mismo no son diferentes, sino un Ser único".

La Mente Única y la mente de uno mismo no son diferentes, sino un Ser único. Reconocer la naturaleza de la propia mente significa reconocer la verdadera naturaleza de la totalidad omnipresente del ser. Cuando reconoces tu mente, así es la mente Buda. Pero si no la reconoces, es el delirio del ego. El Buda es real, pero el yo-engaño es una ilusión. Esta comprensión de la Mente Única solo se te dará cuando te liberes de todo, por pequeño, bello o santo que sea. El maestro Zen Lin-chi del siglo 9 dijo estas poderosas palabras:

> Despeja cualquier obstáculo fuera del camino.
> Si te encuentras con Buda, ¡mata a Buda!
> Solo entonces alcanzarás la salvación,
> solo así escaparás de las cadenas y te liberarás.

A través de la comprensión de una consciencia clara como un espejo de la mente con una claridad constante, ninguna nube oscura de pensamiento discriminatorio puede oscurecer su mente.

El comentario de Kakuan sobre esta séptima imagen de los bueyes expresa esto de una maravillosa manera:

> *Es como extraer oro brillante de la escoria, o como la luna que viene de detrás de las nubes.*

En el grado más alto de comprensión de una verdadera experiencia de Kensho, en esta séptima imagen de los bueyes, el espíritu buey es olvidado como una experiencia consciente, pero el espíritu buey todavía está allí, en verdad. Porque él es la realidad de nuestro Ser Verdadero. Él es la gloria radiante de la Mente Única, "tu Verdadero Sí-Mismo original", junto al cual nada más existe. Como estado original de tu mente, es la realidad siempre presente detrás de todas las experiencias.

Todo lo que aparece ante tus ojos como formas es la multiplicidad de reflejos de la mente. Es la Mente Única al lado del cual nada más existe y que permanece completamente intacta ante todo cambio y muerte. Pero la "propia mente", ligada al concepto del engaño de una personalidad autoexistente, es el problema fundamental de todos tus problemas.

En consecuencia, se genera un gran bloqueo mental cuando alguien, después de su experiencia Kensho, deja atrás la consciencia de su siempre presente espíritu buey, pero aún se aferra al concepto autocontenido de su personalidad. Esto significa en el lenguaje del Zen: está firmemente aferrado a una "puerta sin acceso a la liberación". Pero una puerta sin acceso no es una puerta, ¿cómo quieres pasar a ningún lado?

Si quieres poner fin a todos el espíritu buey, entonces no hay más remedio que despertar del sueño del cuerpo, la mente y el mundo, y así salir del juego tintineante de tu consciencia proyectada. Este es el verdadero camino del Zen.

En el momento en que tú, olvidándote de ti mismo y de todas las cosas, te embarques en la mística Gran

Muerte, te dará la gran vida. Entonces, por primera vez, descubrirás que en ti vive algo que está más allá del nacimiento y la muerte y que no puedes ahogar en el agua ni quemar en el fuego. El siguiente ejemplo se encuentra en la colección Koan Cong-rong-lu (siglo 13):

> Un hombre se sube a un poste de cien pies de altura, aunque lo ha alcanzado, aún no es lo real. En la parte superior de este poste de cien pies, ¡tienes que ir un paso más allá!
> Todo el universo con sus diez direcciones es entonces tu cuerpo ilimitado.

El hombre ya está en la cima del poste, ¿cómo puede ir un paso más allá? Dado que toda nuestra vida en el mundo del cuerpo, la mente y lo material no es más que un sueño, ¿a dónde debería ir? Realmente el ciclo de nacimiento y muerte no es un encarcelamiento, por ello no hay liberación posible. Este es un pensamiento esencial y fundamental del Zen.

Porque todo es la Mente Única, al lado del cual nada existe. ¡Todo es MU! Así es como es. MU. ¡Nada! Tienes que convertirte en esta nada, para ser todo. Pero no te aferres a la palabra MU, de lo contrario estarás obsesionado nuevamente. Si te aferras, tu MU no es más que una construcción del pensamiento sin valor, sin vida y no la verdadera MU de Zen.

MU es uno de los conceptos centrales y esenciales del Zen y representa la ausencia total de todas las identificaciones y apegos y la comprensión del vacío "Shunyata". En la conocida colección de Koans Mumonkan, la puerta sin acceso, del siglo 13, encontramos MU en el primer ejemplo, el Koan "El perro de Joshu".

Un monje le pregunta al maestro Zen Joshu: "¿Tiene un perro la naturaleza Buda?". Joshu responde: "¡MU!"

El MU de Joshu no significa ni un sí ni un no. Es una respuesta alógica que trasciende la antítesis de sí y no, e indica directamente hacia la naturaleza de Buda inmanente al hombre, realidad absoluta más allá de toda designación y distinción.
Con las poderosas palabras del Maestro Zen Mumon sobre el Koan "El perro de Joshu":

Perro, la naturaleza de Buda,
la verdad es clara.
Un momento de sí y no,
y el cuerpo y la vida están perdidos.

La característica más destacada de todos los Koans es lo alógico, lo absurdo de las palabras. Si uno lee las respuestas de los maestros Zen desde el espíritu del Zen a las preguntas de sus alumnos, uno se confunde y se pregunta qué tiene que ver realmente la respuesta con la pregunta.

Pero seamos conscientes de que estas expresiones de los grandes maestros Zen no son conceptuales o intelectuales, ni están dentro de los límites del pensamiento lógico. Más bien se trata de la expresión de una experiencia asombrosa, de tal universalidad que abarca todo, y en ella se transgreden todas las barreras del espacio y el tiempo y todas las limitaciones de una mediación verbal.

El Koan explota tu intelecto. Causa un cortocircuito en su pensamiento y paraliza su discernimiento crítico. Para el propósito y la intención de un Koan es crear en ti una situación de límite mental en la que tu mente está estancada, por lo que no puedas avanzar ni retroceder. Estás en el abismo de la nada absoluta, y tu única salvación es soltarte y que sea lo que sea.

Cualquiera que crea que puede resolver el Koan MU con consideraciones intelectuales solo dará vueltas en círculos. Aquellos que se aferran a las palabras y discursos, e interpretan y tratan de entender MU intelectualmente, se pueden comparar con un tonto que trata en vano de golpear la luna con un palo.

Pero, ¿qué es esta MU misteriosa y verdadera del Zen? El Maestro Zen Mumon dice en su comentario sobre el Koan "MU" estas palabras auspiciosas:

> Ahora dime, ¿cuál es la barrera erigida por los viejos maestros? No es más que esta "MU", esa es la barrera del Zen. Allí también se llama la "Puerta sin acceso del Zen".
> Cualquiera que haya superado por completo esta barrera no solo verá claramente al viejo Joshu cara a cara, sino que puede que también vaya de la mano con todos los maestros del pasado. Con las cejas tocándose, ve con el mismo ojo con que ellos ven y oye con el mismo oído con que ellos oyen. ¿No sería maravilloso? ¿Quién no quería atravesar esta maravillosa barrera?

La consciencia del ego asociada a la idea de una personalidad se compara en el siguiente ejemplo del Mumonkan con una vaca en la ventana:

> Una vaca pasa por una ventana. Su cabeza, sus cuernos, su estómago y sus cuatro patas ya han pasado. Pero, ¿cómo es que su cola no puede pasar?

El Maestro Zen Mumon agrega el siguiente verso a este maravilloso Koan:

Si sale, cae en la profunda zanja. Si se da la vuelta, se va. ¡Esta pequeña colita! ¡Qué cosa más extraña y extraordinaria es!

En este Koan, que es considerado en el Zen como uno de los ocho Koans más difíciles, MU aparece en forma de vaca. Los antiguos maestros chinos Zen decían: "La clave de este Koan radica en el hecho de que solo a través de la completa aniquilación del pequeño ego que aún se adhiere en Kensho se puede alcanzar la Gran Liberación".

Pero, ¿qué es esta extraña y misteriosa cola de vaca? No es nada más que tu concepción del ego, ese problema básico que te pertenece y que tienes que resolver tú mismo si quieres pasar la vaca a través de la ventana.

En la realización de la esencia, el Kensho, en esta imagen del séptimo buey, has superado la noción de tu espíritu-buey como un „objeto" de la percepción consciente, y también lo has olvidado. Pero la vaca, que es tu mente, todavía está atrapada en la ventana de tu concepto de personalidad.

Has experimentado un tremendo proceso de transformación espiritual, pero aún te aferras a la ilusión de un ego. El Kensho ha llegado a la madurez, pero en tu ilusión de una personalidad propia, te aferras ansiosamente a la vida. Tu "yo-engaño", el ego, se aferra fuertemente. En el budismo, el yo-engaño también se convierte en Ahamkara, el fijador y creador de ego. La mente fijada en el ego percibe con aterradora precisión que en esta situación, en el abismo de la nada, la liberación significaría su muerte segura.

Sin embargo, dado que no existe el "sí-mismo individual", la muerte del ego solo puede ser la muerte de todos los conceptos y apegos que condicionan al ego. El miedo a dejar ir no es más que las secuelas de su identificación con su contenido de consciencia. En la identificación con la red de recuerdos de tu pasado muerto, con tu cuerpo y tu mente, estás convencido de que este es tu Ser Verdadero, es decir, tu personalidad.

Pero en realidad no hay nada más que una cadena de existencias y combinaciones momentáneas, como sucesivos destellos de consciencia. Lo que generalmente llamas tu "yo" no tiene una realidad en sí misma. Es solo una conexión momentánea y fugaz de energías siempre cambiantes.

Nuestra llamada existencia individual, es decir, nuestra personalidad, en realidad no es más que un proceso continuo y permanente de interacción entre factores del ser impersonales, con la ilusión de conocimiento constante.

Pero en el momento en que se abandonan los

contenidos conscientes y te acercas por un momento al borde del vacío de la mente, surgirá la creciente sensación de pérdida de identidad. Luego, presa del pánico, buscarás inmediatamente un punto fijo al cual aferrarte. Consciente de esto, cuanto más te intentes soltar, más te aferrarás, porque la tensión es voluntad inhibida.

El verdadero dejar ir es siempre sin mediación, de repente, en un momento en que estás completamente sin voluntad y no lo esperas. Te sucede a ti, cuando llegas a ese punto de dejar ir, que ese dejar ir no es dejar ir, puesto que eres tú quien "hace", en vez de que se produzca un dejar ir, que eres "tú". Que es un olvido de ti mismo y de todas las cosas, de tal manera que tú mismo te has convertido en "dejar ir". Sin embargo, esto sucede sin tu intervención voluntaria, solo a través de la merced, "Tariki", del poder de la Mente Única.

Mientras permanezcas aferrado firmemente y con ansiedad a tu vida, de modo que pienses: "Quiero participar de lo inmortal y morir en el abismo de la nada divina, pero con suerte volveré a la vida", Mientras sigas pensando así, no estarás preparado para la "Gran Muerte", para la iluminación.
Solo puedes experimentar la radiante gloria de lo divino enterrándote completamente en ella, radicalmente, sin descanso. Así como la gota de agua

que cuelga de la nube solo puede experimentar lo que es el mar, cuando se suelta y cae al mar y se disuelve en él. Y eso significa que tienes que llegar a un total abandono, que en realidad es un completo olvido del cuerpo, la mente y el mundo. En las palabras del Maestro Zen japonés Dogen el Zenji (siglo 13):

> Experimentar realmente el Verdadero Sí-Mismo significa olvidarse completamente a uno mismo; olvidarse completamente significa: iluminación.

El obstáculo para el abandono absoluto es el gran temor al gran vacío, que es consecuencia de tu concepto separador de identificación ideacional. Sin embargo, este miedo no es más que un sentimiento vacío, pero cuando las emociones aumentan, la claridad mental se pierde. El Maestro Zen Huang-po dice:

> La gente teme abandonar su consciencia porque teme caer al vacío sin fundamento. No saben que el vacío no está realmente vacío, sino que es el área del radiante Dharmakaya. Este Ser Verdadero esclarecedor espiritualmente no tiene comienzo y es atemporal, como el vacío y no está sometido

a nacimiento o destrucción. Es una belleza impecable y omnipresente. Es la realidad absoluta que existe desde sí misma y no creada.

No hay otra manera más que dar el salto hacia lo ilimitado para experimentar esta realidad. MU: ¡Nada! Tienes que convertirte en esta nada, para ser todo. En este estado de ánimo de la noche oscura de los sentidos y la mente, llamada en el Zen "Dai-Gidan", la gran duda, el espíritu se ha quedado atascado por lo que ni puede avanzar ni puede regresar.

La gran duda es el inevitable estado de conciencia que siempre precede a una experiencia real de iluminación. Es una especie de barrera mental en la que la corriente de pensamiento vacila y no puede continuar. El infinito abismo de la nada divina se abre ante ti, y estás parado en el umbral de la muerte mística.

Al respecto, el Maestro Zen Mumon dice en su comentario al Koan de la vaca en la ventana: "Pasa a través de la ventana, cae en la profunda zanja. Si se da la vuelta, se va". En otras palabras, si vas hacia delante, caes en el abismo infinito de la nada divina. Si vuelves, te arruinas en el Samsara, el ciclo de nacimiento y muerte.

Esta es la situación de un Kenshos completamente maduro, donde el ego, como la fruta madura en el árbol, cuelga con su tallo solo de un delgado hilo. Te encuentras en un estado de ánimo más allá de ser y no ser. El maestro Zen Hakuin (siglo 18) describe esta condición de manera impresionante:

> Si quieres experimentar tu verdadera naturaleza, debes dejarte ir al abismo. Cuando vivas de nuevo después de eso, te experimentas a ti mismo como la radiante "Mente del Sí-Mismo".
>
> ¿Qué significa dejarse ir al abismo? Es como un hombre perdido que de repente se encuentra en un abismo infinitamente profundo. Sus pies están sobre el musgo resbaladizo de una roca, no hay opciones seguras para sujetarse. No puede avanzar ni retirarse: solo la muerte lo espera.
>
> Poca ayuda le ofrece una delgada rama de vid, que sostiene con una mano, su vida cuelga como de un hilo. Si él se suelta repentinamente, hasta sus huesos secos serán destruidos. Lo mismo sucede con el practicante del Zen. Llega al punto en que su espíritu está como muerto, su voluntad como extinguida; amplio vacío sobre un abismo empinado, sin soporte para manos ni pies. Todos los pensamientos desaparecen, en el

pecho aumenta el miedo.

En esta situación de gran duda en el abismo de la nada divina, el Zen te llama:

Colgando al borde del abismo, suéltate y muere por completo, esta es la única forma de liberación.

No importa cuán triste parezca este estado, sin embargo contiene en sí la gran promesa de una gran liberación. Palabras del Maestro Zen Kakuan sobre esta séptima imagen de los bueyes:

La mañana llega,
así que el sol rojo ya está
alto en el cielo.
El brillante resplandor de la luz clara
ilumina desde la eternidad sin tiempo.

VIII.

Buey y pastor olvidados

VIII. Poema y observación de Kakuan

Látigo, riendas, buey y el pastor,
en nada se han disuelto
por completo.
El cielo azul profundo está infinitamente
lejos,
no hay palabras para describirlo.
¿Puede un copo de nieve
existir en el fuego ardiente?
Cuando llega, se encuentra
con el espíritu de los antiguos patriarcas del
Zen.

Se libera de la ilusión mental, y todas las ideas de la ilumi-nación se han ido. No habita en un lugar donde está Buda. Pero incluso por donde Buda no está, pasa rápido.
Como no se detiene en ninguno de los dos, ni siquiera mil ojos pueden ver a través de su yo más profundo. Aunque cientos de pájaros rocíen su camino con hermosas flores, este homenaje carecería para él de ningún sentido.

VIII. Comentario de Zensho

Látigo, riendas, buey y el pastor,
en nada se han disuelto
por completo.
El cielo azul profundo está infinitamente
lejos, no hay palabras para describirlo.

De repente, el poder de la mente pensante se ha quebrado. Desde las profundidades de la oscuridad, la plenitud de la luz se muestra y tu Verdadero Sí-Mismo brilla con deslumbrante claridad.

Esta es la experiencia del gran Satori. La gran muerte y la disolución en la vastedad ilimitada del Ser en el momento de la iluminación es una experiencia única y ambas ocurren en el mismo momento. En esta gran liberación, tu verdadera naturaleza original te es revelada, escondida detrás de las nubes de tu engaño espiritual.

Aquí el espíritu buey se revela a sí mismo en su realidad trascendente, con su magnífica cabeza y sus magníficos cuernos. Has vuelto al origen y reconoces tu rostro primigenio antes de tu nacimiento, que brilla como la naturaleza búdica que ilumina todo. Una descripción muy impresionante de su experiencia de la iluminación es dada por el maestro Zen japonés Imakita Kosen (siglo 18): "Una noche, el límite del pasado y el futuro se cortó repentinamente, y entré en el reino glorioso de lo milagroso. Estaba en el fondo de la Gran Muerte, no había percepción del ser de ninguna cosa, ni del ego. Solo sentí como mi cuerpo se disolvía, y mi mente se ensanchó por la falta de límites, y un brillo infinito de luz emergió".

En el momento de la iluminación, toda la ilusión del ego personal limitado se disuelve, revelando la unidad fundamental de la realidad única, absoluta e intemporal. En esta experiencia de brillante resplandor, te das cuenta de que tu propia mente y la vastedad ilimitada de la Mente Única son un Ser más allá del cual nada más existe.

Tu verdadero ojo de la iluminación se abre de repente, y te sientes como resucitado de entre los muertos. En ti, todo se realiza y te experimentas a ti mismo como la luz original, radiante y pura de la Mente Única en la que el espacio y el tiempo se alzan. En esta consciencia de maravillosa claridad, tu mente es amplia e ilimitada. Totalmente completo, resplandeciendo con luz, brilla más que mil soles e impregna todo el universo.

Cuando We-dse (siglo 7) visitó a Maestro Zen Hui-chung por primera vez, de repente recibió la iluminación fulminante. Lleno de alegría, exclamó:

El cielo y la tierra no son en absoluto reales;

realmente ni las cosas ni yo existimos. Y sin embargo, no puedes decir que no son reales. Siendo así, tanto los grandes sabios iluminados como los seres humanos ordinarios atrapados en la no sabiduría no son más que un sueño, una formación de sombras irreales. ¿Cómo puede haber vida y muerte?

Buda fue quien pudo ver esto con el ojo de la sabiduría, y así se hizo dueño de todas las cosas. Ahora que me he despertado, lo veo y sé que es verdad.

En el momento del gran Satori, la pseudopersonalidad que queda después de la experiencia Kensho, el yo-engaño, muere y se disuelve. Tú mismo como persona y el espíritu buey como objeto de tu afecto interior: en nada se han disuelto por completo. Todo, cuerpo, mente y mundo, todo se ha disuelto en el radiante vacío de la Mente Única, al lado de la cual nada más existe. Es la experiencia del vacío absoluto, en el que solo la autoconsciencia pura y brillante permanece, sin perceptor y sin percepción consciente.

Esta brillante y clara autoconsciencia iluminada del espíritu buey en la experiencia de vacío absoluto ya no es una función del reconocimiento, sino el „propio reconocimiento puro" en su no-ser original, absoluto y superexistente. Es por eso que la octava imagen de los bueyes también contiene el círculo vacío "Enso", que en el Zen representa la iluminación Satori.

En este despertar a la realidad de tu ser innato, inmortal y verdadero, la Mente Única brilla con toda su gloria como tu verdadero rostro antes de su nacimiento, y estás lleno de gran claridad y paz indescriptible.

La experiencia de la gran iluminación es como la ruptura de una roca en la que uno quedó atrapado. En un momento todo está completamente transformado. Una gran explosión mental que sacude al mundo hasta sus cimientos y todo se disuelve. Es la desaparición de todo contenido de consciencia, de cualquier tipo. Todo -cuerpo, mente y mundo- se disuelve. Solo queda tu Verdadero Sí-Mismo, que con su luz radiante ilumina todo el universo. Porque:

**¿Puede un copo de nieve
existir en el fuego ardiente?**

Al atravesar la puerta sin acceso, en el momento de la Gran Muerte, toda la red de recuerdos de tu pasado muerto, con todos sus conceptos, arde en un solo Nu. La consciencia del cuerpo, la mente y el mundo, y el concepto de la concepción del ego se extinguen por completo, y tú te elevas por encima de todas las limitaciones de una existencia espacio-temporal, unida a la tierra. Te elevas por encima de las brumas oscuras de las apariciones de un mundo exterior de apariencia, a la luz clara de la realidad.

Todo se aleja de ti y sientes como si te hubieran quitado una carga pesada. Es el gran despertar del sueño de un mundo exterior de apariencia espacial. En esta consciencia iluminada de maravillosa claridad, experimentas el mundo como si lo estuvieras viendo por primera vez.

Se libera de la ilusión mental, y todas las ideas de la iluminación se han ido.

En la comprensión del gran Satori, el iluminado se libera de cualquier dualidad, de modo que no queda la más mínima idea de iluminación o santidad.

En Bi-yän-lu, el registro de la roca esmeralda, se puede encontrar el siguiente ejemplo:

El emperador chino Wu-Di de Liang le preguntó a Bodhidharma, el primer patriarca del Zen: "¿Cuál es el significado más profundo de la verdad sagrada?" "Espacio abierto, nada sagrado".

La pregunta del emperador muestra que todavía se aferra a una noción de santidad. Él hace esta pregunta porque cree que en el primer patriarca del Zen tiene un santo muy venerable que debe conocer mejor. Pero la famosa respuesta de Bodhidharma es un poderoso golpe de espada: "Espacio abierto, nada sagrado".

No hay separación entre santo y ordinario en el Zen. El Zen no distingue entre la vida espiritual y la vida activa. El mundo entero, el universo entero, todo es santo, no hay nada que no sea sagrado, y eso significa que nada es especialmente sagrado. En otras palabras, espacio abierto, nada sagrado.

En la experiencia de iluminación del Satori, se trasciende cualquier dualidad, de modo que la persona iluminada vive en perfecta armonía con el Tao y se experimenta como uno con el todo. Experimenta su Verdadero Sí-Mismo y el yo de todos los seres ya no como diferentes y separados, sino como un solo Ser. De modo que todo lo que él puede decir es: "Yo soy tú y tú eres yo, en nuestro Verdadero Sí-Mismo abrazamos todo el universo".

En el alegre reflejo de la Mente, vive de tal manera como si hubiera despertado del sueño del nacimiento y la muerte, más allá de toda distinción, en la totalidad omnipresente del ser. No mora ni en santidad ni en el reino del error. No hay distinción para él entre el Buda y el hombre ordinario. Porque, en palabras del Maestro Zen Huang-po, "El Buda y todos los seres vivientes no son más que la Mente Única, al lado de la cual nada más existe". Al respecto, Kakuan dice:

No habita en un lugar donde está Buda. Pero incluso por donde Buda no está, pasa rápido.

Samsara y Nirvana son una realidad. Al respecto, para el despertado, no hay distinción entre la tierra pura del "Paraíso de Sukhavati" y el "Samsara", el ciclo de nacimiento y muerte. Su consciencia multidimensional de la totalidad omnipresente del Ser se ha elevado sobre toda distinción de afirmación o negación y ha trascendido todo en la verdad única. Al despertar a la realidad del nacimiento y al espíritu inmortal, ha reconocido la maravillosa unidad de la vida y la muerte, de modo que para él la cuestión del ser o no ser ha perdido su significado.

Como no se detiene en ninguno de los dos, ni siquiera mil ojos pueden ver a través de su yo más profundo.

Lao Tse, el gran maestro taoísta del siglo 6 AC en su Tao Te King, el libro del Tao y su Virtud, nos da una muy buena descripción de un sabio iluminado:

Los verdaderos maestros de la antigüedad
eran sutiles, misteriosos y profundos.
Ocultos estaban y no podían ser reconocidos.
Ya que que no podían ser reconocidos,
solo puedo tratar de describirlos.

El despertado, que a través de su deceso en la Gran
Muerte ha experimentado su despertar del sueño del
cuerpo, la mente y el mundo, se encuentra en la gran
afirmación y plenitud de la vida. Al despertar a su
Verdadero Sí-Mismo inmortal, se percibe a sí mismo
como la propia mente omnipresente que siempre está
presente pero ahora radiante. Se siente a sí mismo
como no nacido e inmortal, y como la eternidad
misma.

**Cuando llega, se encuentra
con el espíritu de los antiguos patriarcas del
Zen.**

Cuando llegas allí, estás en perfecta armonía con
todos los maestros iluminados del pasado, presente
y futuro. Y cualquiera que sea capaz de conocerte los
encontrará a todos al mismo tiempo. Al respecto, en
el Zen se dice: "El que ve a un Buda ha visto a todos
los Budas al mismo tiempo".

Abriéndose paso a través de la gran puerta de la

gran liberación, el yo-engaño ha muerto la Gran Muerte, de modo que no se puede encontrar nada más de autofalacia. De esta forma, el iluminado, al darse cuenta de la clarividencia no discriminatoria de la mente, ha alcanzado la simplicidad natural más allá de la aceptación y el rechazo, y ha ido más allá de toda distinción.

Debido a que está más allá del reino de la distinción, ha completado la negación absoluta del Zen y ha trascendido por completo su consciencia en la iluminación. En esta gran liberación de la mente, todas las ideas de la particularidad se han alejado de él, de modo que no se pueden ver signos de santidad en él. Por ello dice Kakuan en su observación al poema:

Aunque cientos de pájaros rocíen su camino con hermosas flores, este homenaje carecería para él de ningún sentido..

IX.

Regreso al origen

IX. Poema y observación de Kakuan

Ha regresado al origen.
Pero sus pasos fueron en vano.
Mejor fuera ciego y sordo
desde el principio,
viviendo en su verdadero hogar,
sin ningún deseo por el exterior.
El río fluye como fluye
las flores rojas son rojas por sí mismas.

Desde el principio no hay polvo, la verdad se muestra clara. Él mira los orígenes y verdades cambiantes de todas las formas de vida en el mundo y permanece en serena no-acción.

No puede ser engañado por los espejismos transitorios de este mundo de cambio. ¿Por qué debería intentar algo más? Los ríos fluyen azules, las montañas son verdes. Descansa en sí mismo y considera el cambio de todas las cosas.

IX. Comentario de Zensho

Ha regresado al origen.

Pero sus pasos fueron en vano.

En el momento de tu despertar del sueño del cuerpo, la mente y el mundo, de repente te das cuenta de que tu propia mente es Buda y que no había nada que alcanzar desde el principio.

Cuando vuelves al origen de tu nacimiento y de tu ser inmortal, te das cuenta de que todos tus esfuerzos fueron en vano. Porque solo has realizado esfuerzos innecesarios para encontrar tu verdadera naturaleza, aunque en realidad nunca la has perdido, porque siempre estuvo presente como el observador silencioso detrás de todas las experiencias.

Al respecto, el maestro Zen chino Pao-chi (siglo 9) dice: "El Gran Camino no puede alcanzarse a través de la práctica; toda charla sobre la práctica es para personas ignorantes. Si has investigado el principio y estás mirando hacia atrás en tu práctica, entonces, por primera vez, te darás cuenta de que has luchado por nada".

No puedes encontrar tu Verdadero Sí-Mismo a través de libros y erudición porque está más allá de las palabras, más allá del pensamiento. Puedes estudiar y memorizar todas las declaraciones de los viejos maestros y todos los comentarios sobre ellos. Pero en el momento, cuando de repente despiertas a la radiante gloria de la Mente Única, encontrarás que todo no era más que paja sin valor real.

Esto también lo experimentó Tokusan (siglo 9), que más tarde se convirtió en un gran maestro Zen. Tokusan fue un gran erudito budista. Se especializó en la interpretación de la Sutra del diamante y practicó Zen con Maestro Zen Ryutan.

> Una vez pasó la tarde junto a su maestro en su habitación. Cuando oscureció, el maestro le dijo a Tokusan: "Se está haciendo tarde, será mejor que te vayas a dormir". Tokusan se despidió y se fue. Pero regresó rápidamente con las palabras: "Está muy oscuro afuera, no puedo ver nada".
>
> Sin decir una palabra, Maestro Zen Ryutan encendió una lámpara de aceite y se la entregó. Cuando Tokusan extendió la mano hacia la lámpara, el Maestro de repente apagó la luz de la lámpara. En el mismo momento, el espíritu de Tokusan brilló y se amplió ilimitado, y él alcanzó la gran iluminación.
>
> A la mañana siguiente tomó todos sus registros filosóficos del Sutra del Diamante, los quemó frente al monasterio y gritó:

"Todo conocimiento y aprendizaje es, como la profundidad de la experiencia más elevada, como una gota de agua que cae en el abismo infinito".

Cuando Tokusan leyó el Sutra Diamante un día, un curioso monje le preguntó qué sutra estaba leyendo. Tokusan tomó el Sutra del Diamante y dijo: "Este es el último en quemarse".

En el momento de la iluminación, te das cuenta con brillante claridad de que todo lo que antes habías logrado a través de tu esfuerzo mental era simplemente un lastre innecesario. Si hubieras sido „ciego y sordo" desde el principio a todas las declaraciones teóricas altamente eruditas sobre la verdad inefable, podrías haberte ahorrado todos los problemas.

Porque si, instantáneamente, te hubieras sumergido en tu ser más profundo y te hubieras disociado de él, entonces tu Verdadero Sí-Mismo se te habría revelado como tu "verdadero hogar". Esto es lo que también nos quieren decir las palabras en el poema del Maestro Zen Kakuan sobre esta novena imagen de los bueyes:

Mejor fuera ciego y sordo
desde el principio,
viviendo en su verdadero hogar,
sin ningún deseo por el exterior.

Toda tu búsqueda externa no fue más que una acumulación de polvo en la superficie del espíritu espejo, sin ninguna realidad. Como la mente es como un espejo claro, los reflejos del pensamiento discriminante que cubren la realidad son como el polvo y la suciedad de la mente verdadera. Sin embargo, cuando los pensamientos incorrectos se disuelven, la mente original aparecerá por sí misma.

Es como pulir un espejo; si has limpiado el polvo, todo es transparente y parece por sí sola la claridad inicial, brillante y resplandeciente. Y entonces Kakuan dice en su comentario a su poema:

Desde el principio no hay polvo, la verdad se muestra clara.

La experiencia de la iluminación es el gran punto de inflexión en la vida de una persona puesto que captura toda la personalidad. Estás experimentando una revolución espiritual, un violento "bautismo de fuego de la mente", que transforma por completo tu vida entera. Alcanzas en este nuevo nacimiento un nuevo estado completamente diferente del ser, que cambia completamente tu visión y comportamiento hacia la vida.

Él mira los orígenes y verdades cambiantes de todas las formas de vida en el mundo y permanece en serena no-acción.
No puede ser engañado por los espejismos transitorios de este mundo de cambio. ¿Por qué debería intentar algo más?

Sin embargo, permanecer en la no-acción, "Wuwei", no es una nada pasiva. Más bien, tenemos que entender por Wu-wei una mentalidad brillante, clara y consciente, en la que la acción positiva es posible en cualquier momento, y el despertado, alejándose, deja que el poder universal de la acción fluya a través de él.

Es la unión armoniosa con el Tao que el despertado habita en la abundancia total del ser divino. En esta realización última de la conciencia multidimensional, vive en la totalidad que todo lo abarca del ser, de modo que ahora experimenta todo el universo como su propio cuerpo espiritual, como su propia realidad absoluta. La mente de quien ha regresado al origen primero se convierte en el origen mismo. Como el viento en los árboles y la luna en el agua, el ser totalmente liberado vive en esta consciencia iluminada de maravillosa claridad. Vive su vida en completa libertad y armonía con el todo. Los maestros Zen y Taoístas lo llaman: "Fluir con el Tao".

El Maestro Zen Mi-an (siglo 12) nos da una muy una poderosa descripción de esta configuración mental maravillosa: "Si lo has alcanzado, entonces eres como el dragón en el cielo, como el tigre en las montañas. En todas partes estás claro y solo. En todas partes eres libre de entrar y salir cuando quieras. Ahora puedes desatar el viento y hacer temblar la hierba. No te apegas a las acciones y no te quedas sentado de brazos cruzados".

Cuando el despierto actúa, mora en la no-acción, y su acto es el acto maravilloso del Buda. En el estado mental involuntario del alegre reflejo de la mente, observa la transformación de todas las cosas y observa los cambiantes orígenes y transgresiones de toda la vida en el mundo, sin intervenir.

El río fluye como fluye
las flores rojas son rojas por sí mismas.

Desde el momento en que el Ojo de la Sabiduría se te abre en el momento de la iluminación, estás en el "Paraíso de Sukhavati" de luz sin límites. El maestro

Zen chino Yüan-wu (siglo 12) nos da una descripción impresionante de este maravilloso estado de consciencia:

> Liberado de todas las limitaciones, eres completamente abierto, brillante y translúcido. Obtienes la visión esclarecedora de la verdadera naturaleza de todas las cosas que ahora te parecen una colección de flores de cuento de hadas gloriosamente brillantes, sin una realidad tangible. Aquí se te revela tu Verdadero Sí-Mismo, la cara original de tu Ser Verdadero. Aquí es donde se muestra el glorioso paisaje de tu verdadera patria y te encuentras en el "Paraíso Sukhavati" de luz ilimitada.

Sin embargo, uno no debería entender este paraíso como un otro modo de ser espacio-temporal, sino como una dimensión pura de la consciencia. Porque, ¿dónde debería estar el paraíso? El espacio es ilusión: el tiempo es ilusión. En consecuencia, el paraíso no puede estar en ningún otro lugar, excepto donde estás "ahora".

Tan pronto como te das cuenta del vacío universal de todo, todo encaja en sí mismo y espontáneamente impregna todas las cosas. Esta vacuidad abarca todo el universo y todo lo que está más allá y contiene en sí mismo todo fin, como la abundancia que todo lo satisface partiendo de la nada divina.

En todo, la realidad se te revela. El cielo, el sol, la luna y las estrellas, las montañas y los ríos son una revelación de la gloria plena del ser divino. Todo está lleno de la abundancia del Tao y es el Tao. Al respecto, el maestro Zen chino Chih-chang (siglo 9) nos recuerda:

> Mirad: Una luz muy auspiciosa del mayor brillo ilumina todo el cosmos. Hace que todo sea visible al mismo tiempo: todos los países, todos los océanos, todas las montañas, todos los soles y lunas, todos los cielos y todos los mundos, de los cuales hay cientos de miles de miríadas. Monjes, ¿no veis la luz?

En todo se revela el cambio armonioso del Tao. Es el principio creativo original que hace nacer, preserva y disuelve todas las cosas fuera de sí mismo en plenitud sin fin. El despertado a la gloria radiante de su Verdadero Sí-Mismo vive en armoniosa armonía con el Tao, porque él, en su consciencia realizada, se liberó para siempre de la visión limitante de una consciencia engañosa y dualista. Así dice el maestro Zen chino Matsu (siglo 8):

Seguir lo fundamental se llama despertar, seguir el fenómeno se llama ceguera. En el estado no iluminado, estás en un error acerca de tu propia consciencia. Iluminarse es conocer la propia naturaleza verdadera.

Una vez iluminado, uno permanece iluminado para siempre y nunca vuelve a caer en el estado de confusión. Así como el sol, una vez en el cielo, no está de acuerdo con la oscuridad, así una vez que el radiante sol de la sabiduría ha salido, nunca habrá una vuelta a la oscuridad torpe de la ilusión espíritual.

Los grandes maestros antiguos del Zen señalan repetidamente que esta experiencia de iluminación es posible para cualquiera que esté verdaderamente pronto a deshacerse de sí mismo y de todos sus conceptos habituales. El maestro Zen chino Shentsang (siglo 8) describe esto con las siguientes palabras:

La maravillosa luz de tu Ser Verdadero brilla de forma única, más allá de las palabras y las letras. Tan pronto como te desprendes de tus delirios, la Budeidad se convierte en realidad.

En la comprensión de la visión multidimensional

perfecta de la mente, el plenamente iluminado ha pasado por encima de cualquier distinción. Tanto el hombre como el espíritu buey han trascendido completamente y él vive su vida en la ilimitada libertad del ser.

Como ha llegado al origen, ya no se deja engañar por los fenómenos fugaces de un mundo exterior de apariencias. Como persona liberada completamente del ciclo de nacimiento y muerte, ya no necesita más la práctica Zen. Su brillante e iluminada autoconsciencia no depende de un ejercicio como sentarse en contemplación. Es por eso que se dice en el Zen, en las palabras del maestro Zen Matsu:

> Ni practicar ni sentarse a meditar, ese es el verdadero Zen puro de todos los Budas.

La consciencia del despertado a la realidad inmortal no-nata de su Ser Verdadero es la mente propia ya realizada. Es la mente propia ya realizada que experimenta toda la creación como la autorrevelación de la Mente Única, al lado de la cual nada más existe. En el silencio de la lejanía interior, experimenta ser uno con la totalidad omnipresente del ser y, en el reflejo alegre de la mente, observa el cambio natural de todas las cosas.

Los ríos fluyen azules, las montañas son verdes.
Descansa en sí mismo y considera el cambio de
todas las cosas.

El Maestro Zen Mumon viste este estado mental de la clarividencia iluminada de la mente con un verso poético:

Cientos de flores en primavera.
En otoño una luna llena.
En el verano una brisa refrescante.
En invierno la nieve.
Si vives en la clarividencia iluminada de la mente,
entonces cada estación es una buena temporada.

X.

Entrar en el mercado con las manos abiertas

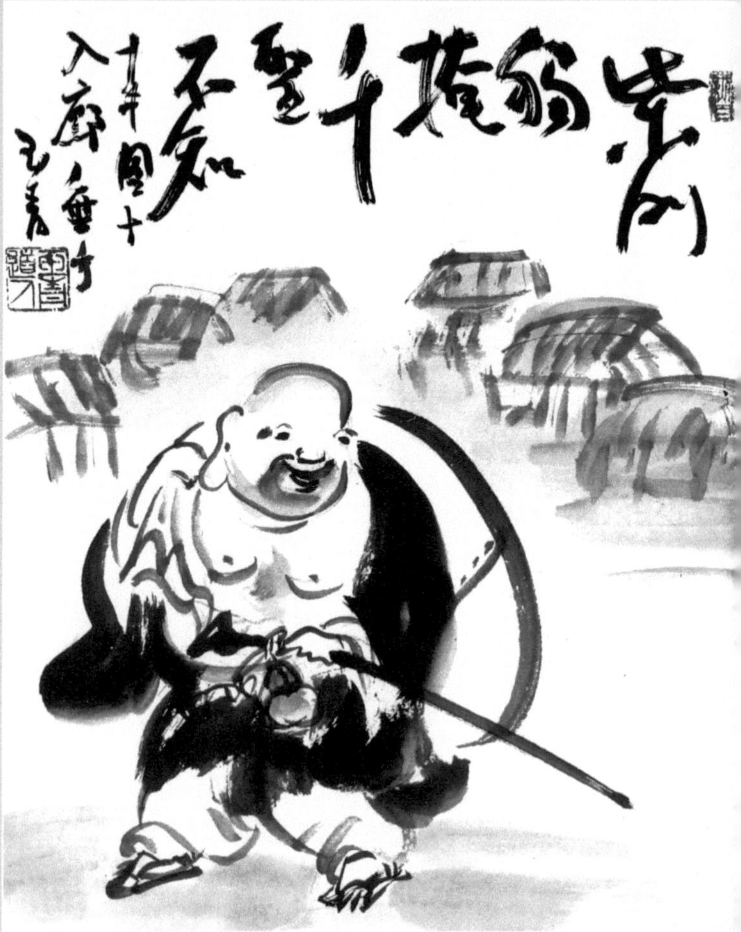

X. Poema y observación de Kakuan

Con el pecho al descubierto y los pies descalzos,
me mezclo con la gente en el mercado.
Con ropas andrajosas y polvorientas,
una sonrisa en su cara.
Sin obrar milagros
hace florecer los árboles marchitos.

Dentro de su puerta, ni siquiera el más sabio de los santos lo reconoce. El área de su propio corazón está profundamente oculta. Él sigue su propio camino: ¿por qué debería seguir los pasos de los patriarcas?
Él viene con la botella de calabaza al mercado y regresa con el bastón en su cabaña. A los propietarios de los bares y los pescaderos, muestra el camino del despertar a su Verdadero Sí-Mismo.

X. Comentario de Zensho

Con el pecho al descubierto y los pies descalzos, me mezclo con la gente en el mercado.

"Con el pecho al descubierto", lo que significa que regresa al mundo de la vida cotidiana con un corazón abierto y generoso. Está completamente despierto, liberado de todas las cosas, puesto que se ha deshecho de toda distinción entre el nirvana y el mundo cotidiano. Lo profano y lo sagrado se han vuelto completamente uno para él, porque ahora experimenta toda la vida como la realidad de la Mente Única.

Sin embargo, esta vida mundial solitaria de consciencia libre, plenamente iluminada y realizada de sabiduría no discriminatoria, es incomprensible para una consciencia dualista normal. Porque, ¿cómo puede ser posible que todo a la vez, incluso las cosas ordinarias de la vida cotidiana, sean la realidad divina? ¿Cómo puede convertirse lo ordinario, de repente, en lo extraordinario, de modo que los guijarros en el borde de la carretera, de repente, se conviertan en joyas brillantes?

Pues la gloria del ser divino no es una dimensión inalcanzable, distante, de otro mundo, sino que está aquí ahora mismo, justo donde estás.

En este mismo momento, exactamente en este lugar, se revela la verdad del Zen. ¡Vete ahora, en tu totalidad, en este momento! Este es el camino del Zen directo de la momentánea aprehensión del Ser, tal como es. Ya que la realidad absoluta es la totalidad que todo lo abarca del ser, abarca el espacio ilimitado y los tres tiempos, pasado, presente y futuro, en un solo presente.

Ahora todo coincide en un punto. En palabras del maestro tántrico Saraha (siglo 9):

> Todo lo que está aquí también está en otra parte, y lo que no está aquí no está en ninguna parte.

Cuando, a través de tu despertar del sueño de nacimiento y muerte a la experiencia de la presencia inmediata del ahora, se abre tu ojo de sabiduría, los guijarros se convierten en joyas verdaderamente luminosas. Es entonces que todo Ser ha cambiado para ti, porque tu consciencia ahora es la clarividencia iluminada de la mente.

No experimentas nada más que el mundo que corresponde a tu estado de consciencia, porque el mundo que estás experimentando es un reflejo de tus propias proyecciones. Tu creas tu propio mundo. Es decir, si tu consciencia es la de la visión dualista de la ilusión mental, experimentas el mundo dualista de aceptación y rechazo, y vives en un mundo de avaricia, odio e ilusión que te atrapa en tus propias proyecciones.

El Maestro Zen Huang-po describe esta situación con las siguientes palabras:

> Esta mente pura, fuente de todo, brilla para siempre y para todos con el esplendor de su propia perfección. Pero la gente del mundo no lo sabe porque solo toman como real, lo que ven, oyen, sienten y saben. Cegados por su propia visión, oído, sentimiento y conocimiento, no se dan cuenta de la gloria espiritual de la sustancia original.
>
> Pero si finalmente abandonaran todo pensamiento conceptual por un momento, entonces esta sustancia original se manifestaría como el sol saliendo del vacío e iluminando todo el universo sin obstrucciones ni barreras.

Si te despiertas del sueño de nacimiento y muerte te encuentras en el mundo iluminado de la totalidad omnipresente del ser y experimentando todo como el Mente Única al lado de la cual nada más existe. En este logro perfecto después de la experiencia de la iluminación, en la que has superado todas las distinciones, el mundo entero se transforma para ti en una revelación de sabiduría trascendente, y experimentas invariablemente a todos los seres mundanos como la realidad intemporal del Mente Única.

El maestro Zen Lin-chi nos da una buena descripción de un sabio iluminado: "Él impregna todo el cosmos y se mueve libremente y sin impedimentos por el mundo. Donde quiera que vaya, en todas partes de la tierra salva a los seres". En palabras de Lao Tse, el gran padre del taoísmo:

El sabio no posee un corazón propio.
El corazón de la gente es su propio corazón.
El sabio vive silencioso en el Mundo,
su corazón es un espacio abierto.
Los hombres lo miran y lo escuchan,
y él parece como un niño pequeño.

A través de su experiencia de la unidad absoluta con todos los seres, él está al mismo tiempo lleno de la compasión que todo lo abarca por todos los seres. En su infinita misericordia, por lo tanto, entra en el mundo cotidiano.

**Con ropas andrajosas y polvorientas,
una sonrisa en su cara.**

En su cumplimiento del efecto dinámico de su experiencia interna de la igualdad esencial, extiende a todas las personas la mano salvadora para liberarlos de la esclavitud del ciclo de nacimiento y muerte y del sufrimiento asociado.

La encarnación de este ideal, la persona iluminada vuelta al mundo, es llamada en el Budismo Zen "Hotei, el Buda que ríe". Como símbolo de un perfecto liberado, es considerado como la encarnación de Maitreya, el Buda del amor que todo lo abraza.

Hotei es retratado con mayor frecuencia en el arte Zen como un hombre pequeño, calvo y de vientre abultado, con un gran saco al hombro y una amplia y radiante sonrisa en el rostro.

En el Zen representa los iluminados que han destruido todos los límites y han cruzado el mundo. Él vive la vida libre de los vagabundos del Zen, libre e sin ataduras. Como el viento en los árboles y la luna en el agua, él vive su vida en absoluta libertad y armonía con la totalidad omnipresente del ser.

Él sigue su propio camino: ¿por qué debería seguir los pasos de los patriarcas?

En su comprensión perfecta de la gran iluminación, en el Zen "Daigo-Tettei", el gran Satori que alcanza lo más profundo, el despertado se ha elevado por encima de toda dependencia de todos los patriarcas, es decir, del Buda y de todos los demás maestros iluminados. Entonces, como él, murió la Gran Muerte, Dai-chi, y como él se despierta a la nueva y verdadera vida. ¿Por qué debería seguir sus pasos?

Como el verdadero iluminado y por lo tanto completamente liberado, él mismo se ha convertido en un Buda e, independientemente de todo, sigue su propio camino.

Él viene con la botella de calabaza al mercado y regresa con el bastón en su cabaña.

Este "venir y luego regresar" a su Verdadero Sí-Mismo dar testimonio de la libertad de sus acciones, que brotan de su comprensión perfecta y su infinita misericordia. Dado que ha superado cualquier distinción entre pro-externalidad e introspección mística, todo se ha vuelto completamente uno para él. En palabras del maestro Zen Lin-chi: "En el camino no está lejos de su casa. En su casa no esta lejos del camino".

Como el hombre totalmente liberado, está en unidad absoluta con aquello que está más allá del mundo, y está en armonía con los requisitos de este mundo. Camina allí en la luz radiante del Verdadero Sí-Mismo iluminado, en medio del mundo cambiante.

Su consciencia es un estado claro y resplandeciente de la mente en el que solo existe la inmediatez del momento presente y nada más.

Como el verdadero hombre del Zen, vive, en la comprensión de la conexión y la esencialidad, más allá de toda diferenciación, la verdad del Zen en medio de la vida cotidiana del mundo. Su mente despierta es completamente libre, y vive completamente separado, yendo y viniendo a su antojo. Él hace esto y lo otro, pero puede abandonarlo de inmediato y hacer algo completamente diferente. Camina en medio del mundo de las apariciones en completa libertad.

En medio del mundo de las apariencias, experimenta la totalidad omnipresente del ser, y cada acto en su vida diaria brilla a la luz del espíritu buey.

Dentro de su puerta, ni siquiera el más sabio de los santos lo reconoce. El área de su propio corazón está profundamente oculta.

Ni siquiera los sabios considerados sagrados y de mil ojos pueden ver a través de su yo más profundo. Esto es así a menos que se encuentre con un completo iluminado, un Buda. El despertado aparece exteriormente normal, sin características especiales, por lo que uno no puede reconocer nada sagrado, nada extraordinario en su figura.

Pero en el fondo de su ser, él sostiene la joya luminosa del misterio más profundo, como los secretos de la puerta. Porque él se experimenta a sí mismo como la única realidad existente y la base misma de toda la creación y, por lo tanto, como la base de todo ser.

A los propietarios de los bares y los pescaderos, muestra el camino del despertar a su Verdadero Sí-Mismo.

En su total consciencia de ser igual a todos los seres, camina feliz en medio del bullicio del mundo para mostrarles el camino a su espíritu buey perdido.

Porque para todos los maestros verdaderamente iluminados, la preocupación más importante siempre ha sido ayudar a las personas a experimentar su Verdadero Sí-Mismo, inmortal y no-nato. Pero la forma en que revelan la verdad a las personas es muy diferente. El ser plenamente iluminado que Kakuan describe aquí en la décima imagen de los bueyes es el completamente liberado que ha superado todas las reglas y normas venerables de una consciencia religiosa.

Como no hay diferencia entre lo sagrado y lo ordinario para él, en su consciencia realizada de clarividencia no discriminatoria, un templo y el bar de vinos le resultan equivalentes. No importa dónde se encuentre, se encuentra en la plenitud ilimitada y colmada del ser divino.

**Sin obrar milagros
hace florecer los árboles marchitos.**

Sin la exhibición exterior de realizar milagros, lleva a cabo el mayor milagro de todos los milagros al traer a la vida a los "espiritualmente muertos".

Como totalmente liberado, sostiene en su mano "la espada llameante de la sabiduría no discriminatoria", con la cual hace florecer a los árboles marchitos. Es, en el lenguaje del Zen: "La espada que mata y da vida".

Un solo golpe con la espada afilada de la sabiduría no discriminatoria, y todos tus delirios de pensamiento conceptual y distinguido se disuelven. Un solo golpe, y los grilletes de tu apego a la red de recuerdos de tu pasado muerto se caen a pedazos. Un golpe, y la vastedad infinita de la Mente Única brilla. Esto es lo que Maestro Zen Fo-yan (siglo 12) dice:

El poder de no-pensar es como el resplandor, la llama que todo lo consume o el golpe veloz de una espada afilada. Cuando la mente está libre de pensamiento, se alcanza de inmediato el rugido del león.

Cualquier descripción adicional solo llevaría
a las mentes miedo y confusión.

Con palabras extremadamente poderosas, el maestro
Zen chino Shih-tou (siglo 8.) explica:

> Donde la espada de la sabiduría muere, el sol
> y la luna pierden su luz, y el cielo y la tierra
> pierden su color. A través de esta experiencia,
> los muros del demonio estallan y el ojo de la
> sabiduría trascendental se abre ante ti.

Un solo momento es suficiente y todo ha cambiado.
Una explosión mental que sacude al mundo hasta sus
cimientos, y todo se disuelve. Es la desaparición de
todas las experiencias de cuerpo, mente y mundo.
Pero tu Verdadero Sí-Mismo, que brilla intensamente
en sí mismo, permanece sin un objeto de percepción.
Conoces tu verdadera cara antes de tu nacimiento,
la realidad autoexistente al lado de la cual nada más
existe.

Tu ojo de iluminación se abre en un momento y,
por primera vez, ves la realidad tal como es.

El pequeño yo ha sido completamente destruido. Es
el gran Satori, la experiencia del vacío fundamental.
Es la experiencia de la vastedad ilimitada de la
mente donde experimentas tu propio Ser y todo el

cosmos como un solo Ser. En esta gran liberación de las cadenas de tus limitaciones autoproclamadas, desaparecen las nubes oscuras de tu engaño espiritual. La mente brilla como el cielo despejado en vastedad y vacío ilimitados, y nada puede oscurecerla más.

Aunque las nubes cubren la luna brillante, la luna siempre está allí, así como la brillante mente misma. Él está siempre presente, aunque escondido detrás de las nubes oscuras del pensamiento conceptual divisivo. Por eso se cuenta el siguiente evento:

> El maestro Zen chino Yün-chu (siglo 9.) le dijo a un monje: "El Verdadero Sí-Mismo es Buda." El monje respondió: „Desafortunadamente no lo puedo reconocer ¿Puedo, por lo tanto, pedirte que me ayudes?" El Maestro respondió: „Para ayudarte, llamemos al Buda de la mente misma. Dirige tu consciencia a tu interior y ve por ti mismo lo que es esa mente misma".

La realidad de nuestro ser original y verdadero yace dentro de nosotros mismos. No hay nada que lograr ni nada que cambiar. Nuestro Verdadero Sí-Mismo ya es absolutamente perfecto y lo ha sido siempre.

En la brillante y radiante experiencia de que

la propia mente es Buda, y cuando nuestro Ser Verdadero original no comienza ni en el nacimiento ni termina en la muerte, la profunda verdad del Zen se revela a sí misma.

Glosario

Adi-Buddha, Samantabhadra, scrt., Buda primigenio, la realidad absoluta en la cosmología budista tibetana. Es considerado la personificación del puro →Shunyata.
Su Mantra es: OM AH HUM, que representa el cuerpo, el habla y la mente de todos los Budas.

Amida, jap. para →Amitabha (scrt.)

Amitabha, scrt., "luz sin límites", Amida jap. Uno de los Budas más importantes en el Budismo Mahayana. Amitabha es el Buda del "Paraíso occidental" →Sukhavati que no se refiere a un lugar específico, sino a un estado de consciencia de luz ilimitada de amor y conocimiento.

Espíritu principiante →Shoshin

Anitya, scrt., lit.: "Impermanencia, fugacidad". En el budismo, una de las tres características a las que todo está condicionado, y esto también se aplica a la totalidad de los seres. Todo lo que ha surgido permanece durante un tiempo y luego se descompone nuevamente, surge, persiste y desaparece. La impermanencia es la ley básica de toda la existencia. De ella derivan las otras dos características de la existencia: "No esencialidad (Anatman) e insatisfactoriedad (Duhkha)".

Avalokiteshvara, scrt., "El Señor que menosprecia todo o escucha los gritos del mundo". Él es el →Bodhisattva de la compasión y encarna la compasión que todo lo abarca (→Karuna) de todos los seres que sufren. También es apodado "Mahakaruna", la gran misericordia, uno de los aspectos esenciales de un Buda. El otro aspecto esencial de un Buda es la sabiduría (→Prajna), personificada de manera especial por el Bodhisattva →Manjushri.
La ilimitada compasión de Avalokiteshvara se muestra en su constante disposición a ayudar a todos los seres que acuden a él en su angustia. Avalokiteshvara se venera en Tibet como →Chenresi, en China como →Kuanyin y en Japón como →Kannon (también Kwannon o Kanzeon).

Avatamsaka-Sutra, scrt.→Hua-yen

Avidya, scrt., lit.: "ignorancia, no-cono
cimiento". Avidya se considera la causa raíz de la
esclavitud del Samsara, el ciclo de nacimiento y
muerte. La ignorancia es la raíz de todo sufrimiento, porque ese es estado de ánimo que no concuerda
con la realidad. En el budismo Mahayana, Avidya
se llama el no-conocimiento del vacío (→Shunyata)
de todas las cosas. La ignorancia de la naturaleza
engañosa de todos los fenómenos es, por lo tanto,
la verdadera causa de todo sufrimiento.

Bardo, Tibet. lit.: "estado intermedio", se refiere
al estado intermedio entre la muerte y la reencarnación. La doctrina budista enfatiza fuertemente el
poder determinante de la dirección del estado de
ánimo de un hombre agonizante (es decir, virtuosa, no virtuosa o neutral) y también las influencias
negativas de la avaricia, el odio y la ilusión durante
el bardo mismo.

Bi-yän-lu, chin., lit.:" escritura de la roca esmeralda, Hekiganroku japonés. La colección más
importante de Budismo Zen (→Zen) junto al →Mu-
monkan. Fue escrita en el siglo 12 por el maestro
Zen chino Yuän-wu, uno de los maestros más im-

portantes en la historia del Zen. Es una colección de 100 →Koans, que, junto a textos adicionales, se encuentran entre los aspectos más destacados de toda la literatura Zen.

Bodhi, scrt., lit.: "Despertar, iluminación". →Satori

Bodhichitta, scrt., "Espíritu de iluminación", el esfuerzo por obtener la iluminación en beneficio de todos los seres para liberarlos del sufrimiento. También la expresión directa de la mente despierta en sí misma.

Bodhidharma, scrt., (jap. Daruma, chin., Ta-mo). El 28° Patriarca después de →Buda Shakyamuni en India y el primer patriarca chino del Zen. Como vino de la India, que se encuentra al oeste de China, también fue llamado "el bárbaro del oeste". Bodhidharma es una figura misteriosa del Zen, y se conocen muy pocos detalles sobre él. Es el símbolo de las bases del →Zen y el tema de dudas recurrentes en los →Mondos: "¿Cuál es el significado de Bodhidharma viniendo de Occidente?" La pregunta significa algo así como: ¿Cuál es la verdad más elevada? ¿Cuál es mi Ser Verdadero?

Bodhisattva, scrt., lit.: "iluminación". Una persona que, después de alcanzar la iluminación (→Satori), pone su vida al servicio de los demás para ayudar a liberarlos. El nombre Bodhisattva también se usa a menudo para un futuro Buda.

Buda, scrt., lit.: "el despertado". 1. El Buda Shakyamuni histórico, nacido hacia el 563 AC en India. 2. Una persona que ha logrado la iluminación perfecta (→Satori) que conduce a la liberación del ciclo de nacimiento y muerte (→Samsara). 3. La verdad última, la verdadera esencia de todo ser.

Buda Dharma, scrt. (Buppo japonés), la "ley de Buda". La enseñanza del Buda histórico Shakyamuni. Sin embargo, Buda no se refiere a la doctrina que puede transmitirse a través de las palabras, sino a la verdad más elevada, inaccesible al pensamiento conceptual discriminatorio. Es ese celo esencial que llevó a las enseñanzas de Buda y que solo puede entenderse en una comprensión inmediata, la experiencia de la iluminación (→Satori).

Chan, chin. →Zen (jap.)

Ciclo de nacimiento y muerte →Samsara

Daigo-Tettei, jap., lit.: "Genial →Satori que llega hasta el suelo". Suprema iluminación perfecta. Una de sus características esenciales es la experiencia del espacio vacío y la abolición de toda oposición a la aniquilación del pequeño ego. Además, la experiencia de que todo el universo y la mente propia son completamente idénticos.

Dharma, scrt., Un término con diferentes significados. Las enseñanzas del →Buda. El orden universal y su legitimidad. En este libro se usa principalmente en el sentido de la doctrina del →Zen.

Dharmakaya, scrt., "Cuerpo del Gran Orden". La verdadera esencia indescriptible de los →Budas, al mismo tiempo la esencia del universo.

Factores del Dasein →Skandha

Gran Muerte→ Satori

Hara, jap., lit.: vientre, abdomen. Este término, que se usa comúnmente, se refiere al área ubicada a unos tres dedos debajo del ombligo como el centro de todo ser. Es el centro del hombre y el centro del universo. Mediante la práctica del →Zazen y una respiración adecuada se crea una gran energía y poder en este centro. Como centro de energía, en el Zen, Hara es el punto de origen de toda actividad (con el sentido de "actuar desde el intestino", pero aún mucho más en el Zen).

Hinayana, scrt., "Vehículo pequeño". La escuela más antigua de las dos direcciones principales del budismo. El término originalmente despectivo "vehículo pequeño" proviene de los representantes del budismo →Mahayana posterior.

El esfuerzo de los budistas Hinayana se dirige principalmente al logro de su propia liberación del →Samara, el ciclo de nacimiento y muerte. La liberación de otros seres del mar del Samsara recibe poca atención. En el bote salvavidas del pequeño vehículo solo hay espacio para una persona. El Hinayana es considerado el primer nivel inferior de la enseñanza de Buda. Solo más tarde reveló →Buda la enseñanza perfecta del Mahayana.

Hishiryo, jap., lit.: "lo que es inconmensurable

para la mente". Expresión Zen para la iluminación, que elude todo tipo de comprensión conceptual y, por lo tanto, excede al pensamiento.

¡Ho!, chin. Este poderoso y fuerte sonido a menudo es utilizado por los maestros Zen como un medio impactante de expresión para romper el pensamiento fijo y discriminador del estudiante.

Hua-yen, chin., (Kegon japonés, scrt. Avatamsaka), lit.: "decoración de flores" o "guirnalda"; originalmente el nombre de un extenso texto →Mahayana. Hua-yen es considerado por muchos budistas chinos y japoneses como la corona de todas las enseñanzas budistas y como la consumación del pensamiento y el conocimiento budistas.

Hua-yen es la doctrina del ser holístico y, al mismo tiempo, una síntesis de todos los pensamientos esenciales del Mahayana. En el Hua-yen, la Mente Única universal se compara con una superficie infinita del mar en la que todas las cosas y eventos son un todo en una interpenetración mutua que abarca todo lo que contiene en sí mismo.

Todo está en perfecta armonía lo uno con lo otro, porque todo es la manifestación de un principio, similar a las olas en el mar. Todo en el universo, ya sea animado o inanimado, es por lo tanto la Mente Única, al lado de la cual nada más existe.

Iluminación →Satori, →Bodhi Espíritu de Iluminación → Bodhichitta

Ishin-Denshin, jap., lit.: "enviar la mente a través de la mente". Un concepto esencial del →Zen, a menudo traducido como "transmisión del corazón-espíritu al corazón-espíritu". El término proviene de la Sutra de la Plataforma del sexto patriarca Huineng. En esta →Sutra, Huineng explica que la verdad del Zen solo es posible a través de la propia experiencia en una comprensión inmediata de la verdadera naturaleza.

Aprender mediante el conocimiento del libro no tiene valor, de ahí el desgarro de los sutras en Huineng. El Maestro Zen Huang-po dice: "No hay comprensión a través de las palabras, sino solo una transmisión de espíritu a espíritu".

Joriki, jap. El poder de concentración adquirido a través de la meditación Zen (→Zazen).

Kannon, Kanzeon o Kwannon, jap. para →Bodhi-sattva →Avalokiteshvara.

Karma, scrt., lit.: acción o actuación. La ley de causa y efecto, según la cual todos los pensamientos y acciones tienen un efecto correspondiente. Al hacerlo, determinamos la calidad de nuestras propias vidas e influimos en las vidas de los demás.

Karuna, scrt., lit.: "Compasión", Compasión plena. Una de las dos virtudes principales en el budismo Mahayana; el otro es →Prajna. (→Avalokiteshvara)

Kensho, jap., Autopercepción.→Satori

Koan, jap., lit.: "aviso público" (Kung-an chino). Im→Zen es el nombre para una declaración paradójica de un maestro Zen, que se refiere a la verdad última. Se supone que un Koan ayuda al discípulo del Zen a superar el pensamiento discriminante y dualista para experimentar la verdad más allá de todo pensamiento.
Los Koanes juegan un papel importante en la educación Zen. Un Koan contiene una pregunta para la cual no hay respuesta para la mente. Para re-

solverlo se requiere una mayor intuición (→Prajna). Sin embargo, un Koan es cualquier cosa menos un misterio porque requiere que el alumno abandone todo el apoyo de una manera normal de comprensión. La respuesta se encuentra fuera de la lógica y es ayudar al estudiante al avance, la visión iluminada y clara del espíritu buey (→Satori).

Kuanyin, chin. para →Avalokiteshvara

Lin-chi-Tsung→Escuela Rinzai

Mahayana, scrt., lit.: "Gran vehículo", en contraste con la dirección de la escuela ortodoxa anterior, →Hinayana. El budismo Mahayana concede más importancia a la compasión universal (→Karuna) y al deseo de liberar a todos los seres que la austeridad. El Mahayana también incluye el poder de ayuda del →Buda y el →Bodhisattva.

Mahayana, Budismo, Enseñanza Mahayana →Mahayana

Maitri, scrt., lit.: "Bondad y misericordia". Una de las principales virtudes del budismo. Es bondad generosa para todos los seres, libre de todas las identificaciones y apegos.

Maitreya, scrt. (Miroku japonés), lit.: El que todo lo ama. Una de las cinco deidades terrenales de →Buda, la encarnación del amor que todo lo abarca. Como el último buda terrenal, este Buda, que se encuentra actualmente en el Cielo Tushita, es esperado por los budistas Mahayana como el próximo Maestro Mundial en aproximadamente treinta mil años.

Maitri-Karuna, lit.: "bondad y compasión". La mentalidad básica de un bodhisattva expresada en su deseo de llevar a todos los seres la liberación.

Makyo, jap., "Fenómenos diabólicos", fenómenos y sensaciones engañosos y molestos que pueden ocurrir en la meditación Zen (→zazen). Los makyos pueden ocurrir de maneras muy diferentes; como hermosos sonidos, olores, caras, expresiones proféticas, a veces como levitación. Los Makyos, sin embargo, son bastante inofensivos, siempre y cuando el practicante de Zazen no les preste atención y no cese en su práctica.

Manjushri, scrt. (Monju japonés), lit.: "Noble y amable". Uno de los bodhisattvas más importantes en el budismo Mahayana. Manjushri es la encarnación de la sabiduría.

Él es retratado principalmente con su espada de la sabiduría destruyendo la ignorancia. Su aspecto turbulento e iracundo es el del cabeza de toro de Yamantaka, el conquistador de la muerte.

Mantra, scrt., Una sílaba cargada con poder espiritual, o una serie de sílabas que el practicante enuncia o recita mentalmente. La repetición constante de un mantra conduce, a través de la purificación del pensamiento, a la comprensión de la verdadera esencia. Sin embargo, un mantra solo está dotado de poder transformador si ha sido recibido personalmente, directamente del Maestro.

Mara, scrt., Pali, lit.: asesino, destructor (de la vida). Mara es la encarnación de los obstáculos en el camino hacia la liberación. Como el tentador y la apariencia de lo insalubre, uno puede compararlo con el diablo cristiano, el "padre de las mentiras". Los asistentes de Mara son sus tres hijas: Rati (Lujuria), Avati (insatisfacción) y Tanha, (avaricia).

Además, Mara tiene todo un ejército de demonios a su lado.

Maya, scrt., lit.: "ilusión, apariencia, engaño". El budismo Mahayana se refiere a Maya como un engaño o ilusión, así como un engaño creado por un espejismo. Las cosas individuales son necesarias y no tienen existencia de sí mismas, en última instancia son vacío (→Shunyata) e imaginación pura.

Ming, dinastía, período chino, 1368-1644

Mondo, jap., "pregunta-respuesta" (en chino: Wen-ta), un diálogo entre maestro y estudiante de Zen, pero a menudo solo entre maestros. Ante una pregunta sobre la verdad budista o un problema existencial, el estudiante recibe principalmente una respuesta paradójica (→Koan) que el entendimiento no puede comprender. El propósito de esto es romper las barreras del pensamiento conceptual discriminatorio para que el estudiante pueda obtener una respuesta de su corazón-espíritu más profundo.

Un Mondo conocido es el de un monje Zen que preguntó el Maestro Zen Joshu: "¿Cuál es el significa-

do del primer patriarca viniendo de Occidente?",
respondió Joshu, "El ciprés en el patio."

Mu, jap. (Chino: Wu), lit.: "Nada, no ser, no es, no tiene, sin, no". Uno de los conceptos centrales del →Zen y del →taoísmo. Designa la libertad perfecta de todas las identificaciones y apegos y también representa la comprensión del vacío (→Shunyata). En la conocida colección de Koans de →Mumonkan nos encontramos con el "Mu" en el primer ejemplo "El perro de Joshu", que también es conocido en el Zen como el →Koan Mu ": Un monje preguntó al maestro Joshu con respeto: "¿Tiene un perro naturaleza Buda o no?" Joshu respondió, "Mu".
La respuesta de Joshu es simplemente "nada", pero eso no significa que un perro no tenga →naturaleza de Buda. Por supuesto, Joshu sabía tan bien como el monje que todos los seres, sin excepción, tienen naturaleza de Buda, por lo que no debemos interpretar el "Mu" de Jóshu como una respuesta en negativo.
Se trataba de disuadir al monje de tratar de comprender la verdad del Zen a través del pensamiento racional.

Mumonkan, jap., lit.: "La puerta sin acceso". Además de →Bi-yän-lu, la colección de Koans más significativa del budismo Zen (→Zen). Contiene una colección de 48 →Koans, compilados y provistos de breves exposiciones Zen del Maestro Zen Mumon (siglo 13).

Munen, japonés (chino Wu-nien); " No pensar, no consciencia ". Munen y Musush juntos forman uno de los pensamientos centrales del Zen.

Mushin, japonés (chino: Wuh-sin); "No Espíritu, No Conciencia, Soledad de la Mente". Un estado mental totalmente involuntario y natural más allá de todo pensamiento.
Mushin y →Munen (chino Wu-nien) juntos forman uno de los pensamientos centrales del Zen.
Mushin, en el Zen no significa ignorancia o maldad. Más bien, significa que la mente es tan sólida en sí misma que no se ve perturbada por las circuns-tancias externas de ningún tipo. Significa que la mente permanece clara y libre en cada situación y no se aferra a nada, ni siquiera al pensamiento de no pensar.

Mushotoku, jap., Sin objetivo ni búsqueda de ganancias.

Naturaleza Buda, scrt., "Buddhata", la verdadera naturaleza de todos los seres. Permite al hombre alcanzar la iluminación (→Satori).

Nembutsu, jap. (Nien-fo chin.), invocación del nombre de →Buda →Mithabha. La forma de meditación esencial de la escuela budista de la Tierra Pura (→Tierra Pura, escuela). Rrecitan la "Namu Amida Butsu" (en japonés significa "Adoración del Buda Amitabha"). Nembutsu, recitado con total confianza y con devoción absoluta, conduce al renacimiento del →Sukhavati, el paraíso occidental del Buda Amitabha.

Nirvana, scrt., lit.: "extinción". El estado de plena liberación ("iluminación"), en oposición al "Samsara", la ceguera mental vinculada al ciclo de nacimiento y muerte.
El Budismo Zen (→Zen) no ve el nirvana como algo separado del mundo, sino como un estado de consciencia en el que el hombre se da cuenta de su verdadera naturaleza y así supera el sufrimiento.

No-Espíritu →Mushin

Prajna, scrt., lit.: "Sabiduría" (Pali: Panna, Han nya japonesa). En el Budismo →Mahayana, Prajna es la percepción intuitivamente experimentada del vacío (→Shunyata) de todas las manifestaciones. Prajna es una de las características esenciales de la Budeidad.

Pratitya-Samutpada, scrt., lit. "Surgimiento en condicionado y dependencia mutua". La doctrina de la cadena del surgimiento condicionado es la base de todas las escuelas budistas. La profundización en el budismo depende de la comprensión de esta enseñanza. La Pratitya-Samutpada muestra que toda las apariencias tienen solo validez empírica y, en última instancia, carecen de realidad. Todos los fenómenos están en relación causal o condicional de dependencia entre sí. No se puede encontrar en el mundo algo no dependiente, autoexistente.

Rinzai, escuela, (Lin-chi-tsung chin., Rinzai japonés-shu). Además de →Soto, escuela, una de las dos escuelas dominantes del Budismo Zen (→Zen) en

Japón. La característica más destacada de Rinzai es el uso sistemático de →Koans para la comprensión de la iluminación (→Satori).

Samadhi, scrt. (jap. Sanmai o Zanmai), lit.: "hacer firme, arreglar". Un estado de no intencionalidad y libertad de pensamiento. Es la atención de la actividad mental en un solo objeto, en calma. En este estado de consciencia no dualista, el meditador se vuelve uno con el objeto de la meditación. Cualquier dualismo y la creencia en un yo separado, diferente de lo demás, se supera en samadhi.
Este estado de consciencia Samadhi, libre de todo pensamiento, no es aburrimiento o insensibilidad. Por el contrario, esta es la clara consciencia de la mente.

Samantabhadra →Adi-Buddha

Samsara, scrt., lit.: "Migración". El ciclo del nacimiento y la muerte. El objetivo de todos los budistas e hindúes es la liberación del Samsara y, por lo tanto, la superación del sufrimiento. Es la liberación de estar atado a la rueda del nacimiento, el envejecimiento, la desesperación, la enfermedad, el dolor y la muerte.

Satori, jap. (chino: Wu). Término Zen para la experiencia de la iluminación, es decir, el despertar. Satori es mucho más que una comprensión intuitiva del Ser Verdadero en una experiencia Kensho (→Kensho), porque el que experimenta Satori está absorto en ello. Satori es descrito en el Zen como la reencarnación del Yo Verdadero, después de que el falso e ilusorio yo, el engaño, ha muerto (ha sufrido) la "gran muerte"

Sesshin, jap., lit.: "Reunir el espíritu del corazón". Varios días de intensas sesiones de Zazen (→Zazen), solo interrumpidas por conferencias del Maestro y la posibilidad de una charla uno a uno (Dokusan).

Shastra, scrt., lit.: "Libro de texto, instrucción".

Shikantaza, jap., "Solo sentado". →Soto, escuela

Shoshin, jap., Espíritu principiante. La constitución mental de un estudiante Zen necesaria para el entrenamiento Zen bajo un maestro. Es esa actitud abierta en la que el discípulo se da cuenta de que no sabe nada. Es la premisa incondicional para dejar ir todo aquello que los sentidos y la mente puedan captar.

Shunyata, scrt. (jap. Ku), lit.: vacío, vacuidad. De acuerdo con la teoría Mahayana, todas las cosas no poseen una sustancia separador y duradera. Todos los objetos están vacíos y, por lo tanto, carecen de naturaleza propia. La doctrina Shunyata es una de las características fundamentales de todo el budismo →Mahayana, y por lo tanto también del Zen. Es muy sutil y no puede expresarse en palabras. Aunque una extensa literatura trata sobre este tema, Shunyata será completamente entendida solo por aquellos que la experimentaron en la experiencia de la iluminación (→Satori).

Skandha, scrt. (Pali: Khandha),"Grupo, acumulación". En el budismo, los cinco grupos que conforman lo que comúnmente se llama la personalidad humana:
Grupo de lo físico (Rupa)
Grupo de la sensación (Vedana)
Grupo de la percepción (Samjna)
Fuerzas psíquicas y cognitivas (Samskara)
Consciencia (Vijnana)
Eso es lo que generalmente llamamos nuestra

personalidad, en realidad no es más que un mero proceso de estos fenómenos psicofísicos, es decir, no es más que una suma de factores impersonales de la existencia.

Soto, escuela, (Tsao-tung-tsung Chin., Soto-shu Jap.). Además de →Rinzai, escuela uno de las dos escuelas predominantes en el budismo Zen (→Zen) en Japón. A diferencia de Rinzai, Soto no usa Koans como ayuda, sino que practica un Zen →Shikantaza "solo sentado". Debido a su insistencia en igualar el →Zazen con la iluminación (→Satori), a Soto también se le llamó "Zen de la iluminación silenciosa".

Sukhavati, scrt., "El afortunado", equivalente al Paraíso occidental que es gobernado por "Buda" Ammitabha. Un renacimiento en los paraísos Sukhavati significa que uno no puede sufrir un renacimiento en otras áreas (→Nembutsu).

Sung, dinastía, Época China, 960-1278.

Sutra, scrt., lit.: "Guía". Las sutras son los textos más importantes del budismo. La mayoría de las sutras son discursos de →Buda. En el budismo →Mahayana, se escribieron muchas sutras adicionales posteriores y se consideran canónicas. Su época de origen se encuentra entre el siglo 1 AC y el siglo 6 DC.

Tang, Dinastía, período chino, 618-906. La época del apogeo del Budismo Zen (→Zen).

Tao, chin., lit.: "camino", concepto central del →Taoísmo. El Tao es lo Absoluto, el principio básico, la verdad definitiva. El Tao es el centro del →Tao Te King de Lao-tse y las enseñanzas de Chuang-tse.
El objetivo de todos los taoístas es vivir en armonía con el Tao. El conocimiento intelectual no es suficiente, se trata más de comprender la unidad, la simplicidad y la →vacuidad del Tao. "Acción inintencional", "Wu-wei, lit.: no-hacer, se considera la actitud esencial de un taoísta.

Taoísmo, hay dos corrientes principales del taoísmo, el filosófico, Tao-chia, y el religioso, Tao-chiao. Tao-chia se remonta al maestro taoísta Lao-tse y su libro, el →Tao Te King. La acción inintencional en armonía con el Tao se considera el ideal más elevado. El taoísmo religioso, por otro lado, apunta a la inmortalidad física. Se debe lograr mediante ejercicios de respiración, ejercicios físicos y ciertas prácticas sexuales.

Tao Te King, chi., lit.: El Libro del Tao y su Virtud. Una obra atribuida al maestro taoísta Lao-tse del siglo 6 AC. Consta de cinco mil caracteres y, por lo tanto, también se llama "El Libro de los Cinco Mil carácteres". Como fundamento del taoísmo, el Tao Te King es también uno de los libros más importantes y más traducidos de la literatura mundial; Traducción al español:Zensho W. Kopp, Lao-Tse, Tao Te King: El libro del Tao y su Virtud, Books On Demand 2017.

Tathata, scrt., "talidad", "seridad"; eso que es. Un concepto central del budismo →Mahayana. Designa lo Absoluto, la verdadera naturaleza de todas las cosas. Tathata yace más allá de todos los conceptos dualistas: es inmutable y lo contrario de la apariencia de los fenómenos. Como la cualidad ser ("seridad") de todas las cosas, es sin forma, sin creación y sin naturaleza propia.

Tathagata, scrt., lit.:"el que así ha venido" o „el que así se ha ido". Esta designación está destinada a expresar la identidad de Buda como un sabio perfecto como el título de una deidad. Como un →Buda completamente iluminado, actúa como mediador entre el mundo absoluto y el fenomenal.

Te, chin., lit.: virtud, efecto. La potencia del →Tao como se manifiesta en el hombre que vive en perfecta armonía con el Tao.Lao Tse dice en su →Tao Te King: Te "la verdadera virtud". Se puede describir como una vida espontánea a través del Tao.

Tierra pura (chin. Ching-tu, japonés Jodo) →Sukhavati

Tierra pura, escuela →Amitabha

Vacío →Shunyata

Vedanta, scrt.→ Advaita-Vedanta

Wu, chin., lit.: "Nada, no ser" →Mu

Wuhsin, chin.→Mushin

Wunien, chin.→Munen Wu-wei, chin., lit.: "No-hacer", en el sentido de "acción sin intencionalidad". Sin embargo, este concepto taoísta no debe confundirse con una inactividad pasiva. Más bien, Wu-wei significa la actitud mental de no intervenir en el curso natural de las cosas. En realidad, Wu-wei es un estado mental altamente efectivo, desde el que cada acción resulta posible en todo momento. Al vivir el no-hacer, el hombre taoísta está en sintonía con el Tao, cuyo poder universal proviene de su falta de acción.

Al respecto, el viejo maestro taoísta Lao-tse dice en su →Tao Te King, "El Tao es eterno y sin hacer nada queda por hacer."

Yamantaka, scrt.→Manjushri

Zanmai, jap.→Samadhi

Zazen, jap. (chin. Tsao-chan), lit.: "sentado en meditación", práctica habitual de la meditación. Como práctica central del Zen, el zazen es considerado por todos los grandes maestros del Zen como el ejercicio indispensable y fundamental. Za-

zen es la persistencia de la mente libre de contenido y no objetiva en un estado de atención plena
brillante.

Zen, japonés, una abreviación de "Zenna", la versión japonesa de la channa china (forma corta
chan), que a su vez es una transmisión de la palabra sánscrita Dhyana. El budismo Zen se desarrolló
en China en los siglos 6 y 7 a través de la transmisión de Bodhidharma del budismo indio Dhyana y
su conexión con el taoísmo chino. Una característica importante del Zen es su enfoque particular en
la experiencia de la iluminación (→Satori). Esencial
en el Zen también es el desarrollo provocado por
la meditación (→Zazen), en la comprensión intuitiva en lugar de un estudio intelectual. En el siglo
9, los maestros Zen chinos desarrollaron un nuevo método de enseñanza. Los Maestros ahora usan
declaraciones paradójicas ("→Koan") para permitir
a sus discípulos comprender la verdad más allá de
discriminar el pensamiento conceptual. Aquí también, se recurre a métodos obvios como golpear,
patear o gritar para abrir los ojos de la iluminación
de los discípulos. Desde el siglo 11 en adelante, los
maestros Zen piden a sus alumnos que se centren

Contacto

CENTRO ZEN
TAO 道禅 CHAN

Centro Tao Chan e.V.
Organización sin ánimo de lucro
Wiesbaden, Alemania
Teléfono: +49 611- 940 62 31

Correo electrónico: info@tao-chan.de
:Más información
www.tao-chan.org/es/
www.facebook.com/centrozentaochan/

El Centro Zen Tao Chan organiza una velada Zen dos veces al mes, con una charla del Maestro Zen Zensho W. Kopp, a la que puede asistir cualquier persona interesada. Habrá oportunidad de formular preguntas al Maestro Zen Zensho.

:Inscripción para la velada Zen
con el Maestro Zen Zensho W. Kopp
www.tao-chan.org/es/eventos/eventos-jornada-zen.html

:Breves conferencias gratuitas del Maestro Zen Zensho W. Kopp para suscribirse
www.youtube.com/@centrozentaochan/featured

:Suscríbase aquí a contenidos exclusivos y conferencias completas de Zensho
www.youtube.com/@centrozentaochan

Otros libros de Zensho W. Kopp

también disponible eBook / Versión Kindle

La radiante claridad
de la mente
138 páginas, 9,80 €

Vida desde la
plenitud interior
116 páginas, 9,80 €

La Inmortalidad del
Verdadero Sí-Mismo
106 páginas, 10,90 €

El poder del
silencio interior
104 páginas, 9,80 €

La llama de
la consciencia
126 páginas

El secreto del verdadero
autoconocimiento
126 páginas

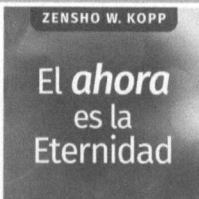

El ahora
es la Eternidad
114 páginas, 9,80 €

El ascenso de la
luz interior
114 páginas, 10,90 €

La Luz
de la sabiduria
112 páginas

Otros libros de Zensho W. Kopp

también disponible eBook / Versión Kindle

Las imágenes de los
bueyes del Zen
212 páginas, 9,95 €

La vida verdadera
mediante el ZEN
140 páginas, 10,99 €

El despertar al
Verdadero Sí Mismo
140 páginas, 11,99 €

Lao-tse Tao Te King
El libro del Tao y su Virtud
120 páginas, 9,95 €

Todas las publicaciones de Zensho pueden encontrarse y
adquirirse aquí:
www.tao-chan.org/es/

Otros libros de Zensho W. Kopp

también disponible eBook / Versión Kindle

El arte moderno Zen,
Pinturas y aforismos de un
Maestro zen occidental.
124 páginas, 16,50 €

Las Iluminadas Dimensiones
de lo Divino, Cuadros y
aforismos de un maestro Zen.
140 páginas, 10,50 €

**Todas las publicaciones de Zensho pueden encontrarse y
adquirirse aquí:
www.tao-chan.org/es/**